河北省高校重点学科建设项目资
2018年度河北省社会科学发展研究重点课题（编号2018
2017年度河北省社会科学发展研究课题（编号201703120205）研究成果

人力资本
对京津冀战略性新兴产业创新绩效贡献研究

郭爱英 董晓宏 张立峰 著

中国财经出版传媒集团
经济科学出版社
Economic Science Press

图书在版编目（CIP）数据

人力资本对京津冀战略性新兴产业创新绩效贡献研究 / 郭爱英，董晓宏，张立峰著. —北京：经济科学出版社，2018.11
ISBN 978 – 7 – 5141 – 9774 – 7

Ⅰ. ①人… Ⅱ. ①郭… ②董… ③张… Ⅲ. ①人力资本 – 关系 – 新兴产业 – 技术革新 – 研究 – 华北地区 Ⅳ. ①F269.272

中国版本图书馆 CIP 数据核字（2018）第 219154 号

责任编辑：周胜婷
责任校对：隗立娜
责任印制：邱　天

人力资本对京津冀战略性新兴产业创新绩效贡献研究
郭爱英　董晓宏　张立峰　著
经济科学出版社出版、发行　新华书店经销
社址：北京市海淀区阜成路甲 28 号　邮编：100142
总编部电话：010 – 88191217　发行部电话：010 – 88191522
网址：www.esp.com.cn
电子邮件：esp@esp.com.cn
天猫网店：经济科学出版社旗舰店
网址：http://jjkxcbs.tmall.com
固安华明印业有限公司印装
710×1000　16 开　15.75 印张　200000 字
2018 年 12 月第 1 版　2018 年 12 月第 1 次印刷
ISBN 978 – 7 – 5141 – 9774 – 7　定价：68.00 元
(图书出现印装问题，本社负责调换。电话：010 – 88191510)
(版权所有　侵权必究　打击盗版　举报热线：010 – 88191661
　QQ：2242791300　营销中心电话：010 – 88191537
　电子邮箱：dbts@esp.com.cn)

前　言

我国的《"十三五"国家战略性新兴产业发展规划》提出：到2020年，我国要形成战略性新兴产业体系，且产业结构得到优化，同时对接"中国制造2025"战略，实现新兴产业创新驱动的发展道路。作为以技术创新为发展内核的产业类型，创新是战略性新兴产业发展的第一动力，而创新驱动实质上是人才驱动，大力提升人才创新绩效贡献度已成为我国战略性新兴产业获取高质量发展的战略性选择。

京津冀一体化协同发展作为重大国家战略，自2014年提出以来，在交通一体化、生态环境保护、产业升级转移等方面成绩显著。那么，战略性新兴产业作为落实国家战略、实现区域协同发展的主要产业推手，其在区域内的发展是否均衡？如何以人力资本这一核心创新要素为抓手，通过要素协同创新实现战略性新兴产业区域内协同发展？这些问题在学术界尚缺乏深入研究。具有实现创新、扩散创新属性的人力资本要素，其存量及质量是产业创新的不竭源泉，然而研究发现，京津冀三地的人力资本创新绩效存在巨大落差。2017年，北京市每万人发明专利拥有量达

人力资本对京津冀战略性新兴产业创新绩效贡献研究

94.6 件，居全国首位①，天津市为 18.3 件，位居全国第七位②，河北省仅为 2.88 件，未达到全国平均 8.9 件的水平③。由此可见，三地远未形成从创新要素投入到创新绩效产出的系统性协同创新机制。因此，以人力资本这一核心创新要素为切入点，探讨三地战略性新兴产业创新绩效影响因素的异同，对搭建三地人力资本共享平台、提升三地人力资本协同创新绩效、实现创新驱动下的区域经济发展新格局具有重要的现实意义。

本书正是以上述角度为切入点，应用定量和定性相结合的分析方法，在对比分析人力资本对京津冀战略性新兴产业创新绩效贡献度异同的基础上，从宏观产业层面和微观企业层面探究影响人力资本创新绩效提高的制约因素与促进因素，并基于因素分析结果提出区域内产业创新型人力资本培养侧重点、企业内外部促进创新型人力资本创新绩效提升的支撑要点、促进区域内创新型人力资本协同使用的改进策略等。研究成果强调人力资本的创新绩效要立足于产业宏观与企业微观相协同的基础上，一方面能够体现京津冀战略性新兴产业的地域产业特点，另一方面能够增强企业的持续创新能力，以产业人力资本协同创新为支撑，增强区域战略性新兴产业适应环境变化的能力，从而

---

① 资料来源：北京市副市长阴和俊：去年每万人发明专利拥有量达 94.6 件居全国首位 http://www.ce.cn/cysc/newmain/yc/jsxw/201806/06/t20180606_29359289.shtml.

② 资料来源：刘万鑫．天津每万人发明专利拥有量达到 18.3 件．http://news.enorth.com.cn/system/2018/03/14/035191313.shtml.

③ 资料来源：河北 2017 年高新技术企业新增 1079 家为历年之最．http://www.sohu.com/a/221910569_119586.

前　言

促进产业在区域内的协同、可持续发展。

本书可用于高等院校、科研机构、政府部门及企业进行科学研究、政策制定、制度建设等工作中。

本书在写作中秉承严谨治学的态度，但由于笔者学识有限，不足与疏漏之处在所难免，敬请专家、同行和读者不吝赐教、批评指正。

目 录

第1章 导　　言 ·· 1
 1.1 研究背景 ·· 3
 1.2 研究目的及意义 ·· 4
 1.3 研究内容 ·· 5
 1.4 研究的创新点 ·· 6
 1.5 研究方法 ·· 7

第2章 国内外研究现状综述 ································ 9
 2.1 人力资本与技术创新关系研究综述 ················ 11
 2.2 人力资本与产业创新绩效关系实证研究方法综述 ······ 14
 2.3 人力资本与产业创新绩效关系实证研究综述 ·········· 20
 2.4 人力资本对产业创新绩效影响因素研究综述 ·········· 27

第3章 理论基础回顾及概念界定 ························ 31
 3.1 人力资本的概念界定 ································ 33
 3.2 战略性新兴产业的含义与特点 ···················· 34
 3.3 创新绩效的含义 ······································ 36
 3.4 创新要素 ·· 37

第4章 基于 SFA 模型的京津冀战略性新兴产业创新效率与人力资本关联度评价 ········ 39

4.1 研究方法 ········ 41
4.2 研究模型和变量设定 ········ 44
4.3 实证分析 ········ 49

第5章 京津冀战略性新兴产业人力资本创新绩效影响因素研究 ········ 153

5.1 人力资本视角下战略性新兴产业创新影响因素系统的构建 ········ 155
5.2 人力资本视角下战略性新兴产业创新影响因素选择 ········ 156
5.3 京津冀战略性新兴产业人力资本创新绩效影响因素实证分析 ········ 169

第6章 人力资本创新视角下提升京津冀战略性新兴产业竞争力的政策建议 ········ 191

6.1 优化京津冀战略性新兴产业人力资本结构政策建议 ········ 193
6.2 人力资本视角下京津冀战略性新兴产业创新支撑平台的构建 ········ 200
6.3 战略性新兴产业内企业人力资本开发策略改进建议 ········ 203

第7章 研究结论与展望 ········ 209

附录　人力资本对京津冀战略性新兴产业创新绩效贡献

　　　　研究调查问卷 …………………………… 213

参考文献 ………………………………………… 217

后记 ……………………………………………… 238

人力资本对京津冀战略性新兴
产业创新绩效贡献研究
Chapter 1

第 1 章 导 言

第1章 导　言

1.1　研究背景

在传统工业面临产能过剩及资源约束的背景下，转变经济增长方式与调整经济结构成为保持经济可持续发展的唯一出路。新兴产业已经成为推动经济发展的重要驱动力量。

2010年10月，国务院《关于加快培育和发展战略性新兴产业的决定》提出，要重点发展节能环保、新兴信息产业、生物产业、新能源、新能源汽车、高端装备制造业和新材料七大战略性新兴产业，我国战略性新兴产业发展进入重要的战略机遇期。京津冀作为中东部社会经济发展的主体，京津的发展走在全国前列，但是河北省经济发展与先进省份相比有较大差距，发展战略性新兴产业是河北省完成现阶段工业化、城镇化和农业现代化任务、积极参与国内外竞争、提升河北省持久竞争力的必由之路。

京津冀一体化建设是党和国家在21世纪的发展战略之一。河北省"十二五"规划明确了新能源、生物技术、信息等我省重点发展的战略性新兴产业类别，上述产业在政府大力扶植下取得了一定成就，但与广东、江浙等发达地区相比还相对落后，其中缺乏核心技术和自主创新能力的问题尤其突出。以医药制造高技术产业为例，到2015年年底，河北省新产品销售收入1940803万元，虽然在全国28个省区市（不含西藏、新疆、青海、香港、澳门、台湾的统计数据，下同）中排名第7位，但是远远低于排名第一的山东省8514897万元、第二的江苏省7807447万元，新产品产值远低于全国平均水平，而且河北省专利申请数375项，在这28个省区市中排名第14位，大大低于江苏省2057项、山东省1716项，也低于全国平均570项的水平①。造成这一局面的主要原因之一是高级管理和研发人才缺乏，即创新型人力资本投入不足，同时流失的研发人才数量可观。因此在人力资本相对有限的背景下，研究人力资本投入与产业创新绩效的关联度显得尤为紧迫，进而发现战略性新兴产业人力资本投资与管理的工作重心。

正是基于宏观经济政策与实际产业发展需求的双重考虑，本书以人力资本投入与产业创新绩效的关联度评价为切入点，探讨影响京津冀战略性新兴产业人力资本创新效率的促进因素与制约因素，进而从政府宏观、产业中观与创新联盟三层面入手优化管理模式、改进发展策略、提升产业竞争力，助力京津冀产业结构的优化与经济增长方式的转变。

1.2 研究目的及意义

在经济新常态下，战略性新兴产业成为京津冀地区经济发展的重要产业推手。面对全球竞争的不断加剧，京津冀战略性新兴产业均遭遇关键技术突破难、产业层次急需提升的困境。高层次、高技能、紧缺型人力资本推动下的产业创新成为突破发展瓶颈的主要出路，因此如何挖掘现有人力资本创新潜能，改进既有人力资本选、育、用、留的宏微观政策，促进人力资本这一关键资源与战略性新兴产业的协同可持续发展，成为政府、产业与企业共同关注的问题。本书正是以上述角度为切入点，应用定量和定性相结合的分析方法，在评价人力资本对京津冀战略性新兴产业创新绩效贡献度的基础上，从宏观产业层面和微观企业层面提出人力资本创新效率提

---

① 资料来源：根据《中国高技术产业统计年鉴》（2016）整理。

高的改进策略。研究成果强调人力资本的创新效率要立足于产业宏观与企业微观相协同的基础上，一方面能够体现京津冀战略性新兴产业的地域产业特点，另一方面能够增强企业的持续创新能力，从人力资本角度增强区域战略性新兴产业适应环境变化的能力，从而促进产业的可持续良性发展。

1.3　研究内容

（1）界定战略性新兴产业创新绩效的含义。本部分在界定了人力资本概念的基础上，通过对战略性新兴产业创新特征、人力资本与产业创新绩效交互影响模式、人力资本对经济贡献度、人力资本对产业创新绩效影响因素等相关文献的回顾，明确产业创新绩效的含义，为后续研究奠定理论基础。

（2）基于随机前沿分析（SFA）模型的京津冀战略性新兴产业创新效率与人力资本关联度评价。本部分主要涵盖两个方面：第一，SFA模型评价指标的选取，基于前述文献研究结论选取符合京津冀战略性新兴产业特征的输入输出指标；第二，基于《河北经济年鉴》《中国科技统计年鉴》《中国高新技术企业年鉴》《中国高技术产业统计年鉴》等数据统计资料，应用SFA模型对京津冀战略性新兴产业创新效率与人力资本关联度进行评价。

（3）京津冀战略性新兴产业人力资本创新绩效影响因素分析。本部分根据前文评价结果的优劣，依激励因素和制约因素，从产业内外部环境入手分析结果优劣的原因。外部环境分别从制度环境、市场环境、法律环境、人文环境几个方面明确影响京津冀战略性新兴产业人力资本创新贡献的促进因素与制约因素。内部因素主要从创新联盟中的企业规模、激励机制、吸收转化能力维度、人力资本水平、产学研创新协助平台等方面分析产业内自身管理因素对产业创新绩效的影响效果。

（4）人力资本创新视角下提升京津冀战略性新兴产业竞争力的政策建议。在前述理论分析与实证分析的基础上，本部分就优化京津冀战略性新兴产业要素分配结构与提升产业竞争力给出相关的政策建议。研究内容主要包括三方面：从人力资本结构角度探索京津冀战略性新兴产业人力资源开发政策；分析战略性新兴产业内外部环境因素对产业人力资本创新效率提升的支撑模式；从产业人力资本需求出发研究产业内创新联盟人力资源管理策略的改进重点。

本书重点要解决的三个问题：一是当前京津冀战略性新兴产业创新的主要特征；二是京津冀战略性新兴产业人力资本创新效率的评价；三是从人力资本角度提升京津冀战略性新兴产业竞争力的宏微观策略。

1.4　研究的创新点

本书的创新点主要有三点。

（1）根据现有文献可知，迄今为止还没有针对人力资本单一要素创新效率的相关研究，因此本书的选题具有一定的突破性。此外，通过随机前沿分析方法进行人力资本投入指标和产出指标的定量分析，依据所得结论提出有针对性的产业创新效率提升建议，避免政策建议流于空泛。

（2）与以往同类研究相比，本书对京津冀战略性新兴产业创新绩效与人力资本关联度的分析，并非仅仅依托一些宏观经济数据进行表层研究，而是系统地从产业内创新联盟微观人力资本管理及影响产业创新的宏观因素两方面，深入地分析产业自身的创新特征和可能存在的问题，探讨人力资本这一要素如何同时影响创新联盟微观与产业宏观的创新效率，并以此为依据科学地制定产业发展所需的人力资源政策。

（3）采用随机前沿分析方法，进行随机前沿生产函数模型的构建与实证分析，评价京津冀战略性新兴产业创新效率与人力资本关联度，这在以往同类研究中并不多见。

1.5　研究方法

（1）文献研究法。文献研究基础上，明确界定人力资本的概念、战略性新兴产业的含义与特点、创新绩效的含义。

（2）数理统计方法——模型构建。基于宏观统计数据与问卷调查的结果，构建人力资本对京津冀战略性新兴产业创新绩效贡献度评价模型，并具体评价贡献度的高低。

（3）问卷调查法——因素分析。分别依据不同评价指标的影响结果，从产业内外两个方面入手归总影响京津冀战略性新兴产业人力资本创新贡献的促进因素与制约因素。

（4）归纳研究方法。从人力资本结构、产业发展环境、政策支持三个方面提出提升京津冀战略性新兴产业创新绩效的政策建议。

人力资本对京津冀战略性新兴
产业创新绩效贡献研究
Chapter 2

第 2 章　国内外研究现状综述

第2章 国内外研究现状综述

舒尔茨、卢卡斯等的人力资本理论表明，人力资本是促进国民经济快速、稳定增长的重要因素，它往往能够解释区域间、产业间存在经济差异的原因。增加人力资本的投入不仅是经济增长的需要，更是关系到国家和地区经济可持续发展的大问题。因此，深入研究人力资本对区域经济增长的贡献，以及分析和人力资本相关的因素如何促进经济增长具有非常重要的现实意义。

自约瑟夫·熊彼特1934年首次提出创新理论的基本要点后，创新理论经历了百年的发展，国内外学者不断在人力资本与技术创新交叉领域提出新的观点与研究成果，但至今仍缺乏针对战略性新兴产业人力资本创新问题的相关探讨。本章从四个方面梳理人力资本与产业创新绩效的关系，并概括与著作主题相关的文献成果。一是人力资本与技术创新的关系研究方面，二是人力资本与产业创新绩效关系实证研究方法方面，三是人力资本与产业创新绩效关系实证研究方面，四是人力资本对产业创新绩效影响因素研究方面。

2.1 人力资本与技术创新关系研究综述

2.1.1 人力资本与技术创新关联性研究

国内外学者针对人力资本与宏微观技术创新的关系进行了大量的研究。罗默（Romer，1986）构建了以人力资本为内生变量的生产函数，说明了人力资本的投入产出模式，证明分析了人力资本的经济贡献作用。卢卡斯（Lucas，1988）分析了人力资本存量对经济增长的作用，但具体的贡献方式并未进行具体说明。纳尔逊和费尔普斯（Nelson & Phelps，1966）以人力资本为投入要素，以全要素增长率为产出变量，验证了人力资本中对技术创新的直接作用，即高等教育程度有助于技术转移。本哈比和施皮格尔（Benhabib & Spiegel, 1994）基于实证分析发现，人力资本所拥有的知识通过影响技术扩散的速度来影响技术创新。艾亚尔和法伊雷尔（Aiyar & Feyrer, 2002）认为一国人力资本水平决定了国家与他国技术差距的大小，这是因为人力资本是技术转移与落地的关键影响因素。王金营（2000）将物理学中的技术势差概念应用于人力资本创新领域，提出人力资本在技术创新形成过程中起到了能量转换的关键作用。贺俊等（2006）对卢卡斯提出的内生模型做了改进，将人力资本和组织研发活动作为投入要素，通过模型分析实现投入产出的均衡，实证结果发现人力资本对于技术创新产出具有关键性支撑作用，由此进一步证明了人力资本对技术内生化具有重要作用。刘智勇等（2008）以异质性人力资本、层次化人力资本为内生变量，以技术进步为因变量，经由面板数据的统计分析进而构建 ECM 模型，由此证明了不同受教育程度的人力资本与技术进步存在因果关系，因此有必要加大对高层次人力资本的投入。刘金涛（2015）进一步通过对不同类型人力资本与经济增长之间关系的实证研究，发现中低层次的人力资本对技术创新没有显著影响，因此宏观人力资本投入应有差异性。韩瑞（2017）运用结构方程进行实证研究，提出人力资本集聚通过提升知识增值促进企业创新绩效的提高。

综上所述，国内外学者通过宏微观实证研究，论述了人力资本存量、不同结构人力资本、人力资本集聚对宏微观组织或区域的技术创新均有正向的促进作用。那么，人力资本对技术创新效率的影响过程及实证方法是什么呢？国内外学者也进行了具体的讨论。

2.1.2 人力资本与技术创新效率实证研究

余长林（2006）以人力资本的内涵要素为投入要素，即以教育

第2章 国内外研究现状综述

人力资本存量、健康程度为内生变量构建了经济增长模型，证明了两者之间存在直接的因果关系。魏下海等（2010）讨论了省际人力资本门槛效益，通过非线性方法研究了人力资本对全要素生产率的影响，证实分析了人力资本对东部省份的门槛效益要大于中西部省份，说明经济发达地区对人力资本的高端需求更加旺盛。吴晓园（2011）以科技人员这类人力资本为自变量，以高新技术产业产值、专利申请数、外商直接投资为因变量，应用 Malmquist 指数法研究了福建省各地级市的人力资本技术创新效率。朱承亮等（2012）应用 SFA 模型研究不同类型人力资本即人力资本结构对区域技术创新产出的不同影响，同时提出了宏观人力资本结构的优化措施。王文静等（2014）应用 Benhabib-Spiegel 模型研究省际间人力资本差距对省际经济水平差异间的影响，实证分析显示，人力资本差异是造成不同省份间经济发展差异的正向影响因素。梁文群等（2016）以区域创新效率为因变量，以人力资本存量、异质性人力资本为自变量分析了两者之间的关系，这一过程是应用随机前沿模型进行的论证。李向前等（2016）同时采用 DEA、SFA 方法对比分析了人力资本健康、受教育程度对生产率的影响结果，说明两类方法都可以实现人力资本对经济发展的实证研究。刘强（2017）将选择线性面板模型与非线性门限模型相结合，除去传统常见自变量外，增加了迁移人力资本自变量，注重人力资本的积累，以技术创新生产率的累计增长率作为因变量，论证了两者间的关系，在变量选取和方法应用上都有创新。

综上所述，人力资本与技术创新效率间的关系研究，主要应用的自变量有人力资本存量、人力资本结构、区域差异、人力资本内化因素（知识、健康、技术能力等），这些变量对本书研究有很好的借鉴作用。再者，实证方法方面，DEA、SFA、Malmquist 指数法、Benhabib-Spiegel 模型都可以应用于人力资本与经济发展、技术创新效率的实证分析中。

2.2 人力资本与产业创新绩效关系实证研究方法综述

在中国知网文献库中以"人力资本与产业创新绩效关系实证研究方法"为主题词检索①,只查到两篇文献:一篇是辽宁大学尹博(2012)的博士论文《大企业主导型产业创新网络创新绩效研究》,通过量表设计和深度访谈方式获取有关大企业主导型产业创新网络关键要素(大企业主导作用、网络异质性、网络惯性、冲突管理和网络环境)的一手资料,并通过 Smart PLS2.0.M3 软件对创新网络关键要素与创新绩效的作用关系进行计量分析,以揭示企业创新能力、创新绩效与创新网络的交互作用、协同演化过程;另一篇是浙江大学李飞(2014)的博士论文《创业导向的产学协同创新机理研究——跨组织关系管理的视角》,主要通过统计分析软件,对问卷收集的数据进行信度分析、效度分析,对理论模型中涉及的各个影响因素进行统计分析,包括产学协同关系对企业创新绩效的影响、产学协同关系对智力资本的影响、智力资本对创新绩效的影响、创业导向对产学协同创新过程的影响等。

在中国知网文献库中以"人力资本与产业创新绩效关系实证研究"为主题词精确检索,2007~2016 年共 5 篇文献,其中,博士论文 2 篇,期刊论文 3 篇,2018 年无相关研究文献。两篇博士论文是上文已阐述的辽宁大学尹博(2012)和浙江大学李飞(2014)。3 篇期刊论文为杨勇、达庆利(2007),何庆丰、陈武、王学军

---

① 资料来源:基于 2018 年 7 月底中国知网文献库检索。

第2章 国内外研究现状综述

(2009)，杨栋、高金艳 (2016)。由此来看，人力资本与产业创新绩效关系的实证研究寥寥无几。

在中国知网文献库中以"人力资本与创新绩效关系实证研究方法"为主题词进行精确检索，2006~2017 年共有 53 篇文献，其中，硕士论文 9 篇，博士论文 35 篇，期刊论文 9 篇，2018 年无相关研究文献（见表 2-1）。

表 2-1　　　　国内关于人力资本与创新绩效关系
实证研究方法的文献统计　　　　　　单位：篇

年份	2017	2016	2015	2014	2013	2012	2011	2010	2009	2008	2007	2006
文献数	2	14	1	4	6	6	5	3	6	1	4	1

资料来源：根据中国知网搜索统计。

53 篇相关文献中只有 2 篇是基于面板数据进行的实证研究，其余基本都是基于问卷数据开展的实证研究。这两篇是：杨勇、达庆利（2007）的"企业技术创新绩效与其规模、R&D 投资、人力资本投资之间的关系——基于面板数据的实证研究"；何庆丰、陈武、王学军等（2009）的"直接人力资本投入、R&D 投入与创新绩效的关系——基于我国科技活动面板数据的实证研究"。

杨勇、达庆利（2007）基于江苏省具有省级或国家级技术中心企业的面板数据，从动态视角采用逐步回归法，建立企业规模、研发投资、人力资源和企业技术创新绩效的关系，研究了企业规模、研发投资和技术创新中人力资本投资支出如何影响企业的技术创新绩效。研究结果表明：企业的规模与企业的技术创新绩效存在显著正相关影响，研究结果支持熊彼特假说；企业的研发支出和技术创新中人力资本投资支出，与企业的技术创新绩效正相关。

何庆丰等（2009）认为人既是人力资本的载体，也是技术创新的主体和发动者，又是技术创新的接受客体。人力资本的形成和积累将会全面改善生产过程中物与人两类因素的效率。人力资本是推动技术创新的基础力量。

而王烨、游春（2009）以深圳中小企业板上市公司的面板数据为基础，对中小企业板上市公司的研发投入与绩效的相关关系，采取SPSS13.0统计软件中泊松相关、肯德尔非参数相关和斯皮尔曼非参数相关的两配对样本相关性检验，对2004~2006年年报中企业研发投入（RD、RDIN）与绩效（ROE、EPS、IR）的相关关系进行了实证检验。结果表明，研发人员投入指标与EPS指标呈现显著的正向相关关系，研发资金投入指标与ROE和EPS等绩效指标均不相关。没有检验到研发投入对于绩效产生滞后作用。这说明我国中小企业研发活动以人力密集型投入为主要特点，而且对企业后续绩效没有产生积极作用。

杨栋、高金艳（2016）以外部融资为中介变量，从人力资本信息披露角度研究技术创新绩效关系，认为两者之间在三大行业呈现不同的关系，电器仪表制造业与通信设备制造业呈正相关关系、医药行业相关性不明显。

一些学者采用DEA模型、DEA改造模型、SFA模型进行实证研究。

自1984年，查尼斯（Charnes）和库珀（Cooper）提出了数据包络分析（data envelopment analysis，DEA）的非参数相对效率评价方法以来，由于DEA方法具有无须确定系统内部各指标之间的生产函数关系、评价指标不受单位和决策单元的规模的影响、测算之前无须对数据进行无量纲化处理等优势，其应用在高技术产业创新生产效率测量方面比SFA方法更为广泛。如王伟（2011）、陈凯华等（2012），就利用传统DEA模型对我国高技术产业的创新能力和创新效率进行测算，从生产效率的视角探究"高产出、低效率"的原因所在，并提出对策。

但是，传统DEA模型将系统视为"黑箱"，忽略其内部复杂关

第2章 国内外研究现状综述

系和因素之间的相互影响，使评价结果与客观实际有所偏差。因此有学者提出了"打开黑箱评价"的网络 DEA 方法，而较为经典的模型有如高锟等（Kao et al.，2008）提出的串联两阶段网络 DEA 模型，陈尧等（Chen et al.，2009）提出的两阶段加性 DEA 模型，李永军等（Li et al.，2012）提出的具有额外投入的两阶段模型，陈尧等（2010）提出的含共享投入的两阶段模型等。由于网络 DEA 模型能更有效地反映系统客观性，因此在高技术产业的创新效率评价中也得到广泛应用。如余泳泽（2009）、封伟毅等（2010）、尹伟华（2012）、陈凯华等（2013）、陈建丽等（2014）在研究中发现，将高技术产业创新生产过程分为技术开发过程和成果转化过程，既能减少每个子阶段的效率估计误差，又能使决策单元的每个子系统具有直接可比性，使 DEA 评价结果更加真实、客观。

在中国知网文献库中又以"基于 DEA 的战略性新兴产业创新研究"为主题词进行精确检索，从 2011~2018 年共有 14 篇文献，其中，博士论文 1 篇、期刊论文 7 篇、报纸论文（报道）6 篇。见表 2-2。

表 2-2 国内基于 DEA 的战略性新兴产业创新研究文献统计　　单位：篇

年份	2018	2017	2016	2015	2014	2013	2012	2011
文献数	1	1	1	4	2	—	2	3

资料来源：根据中国知网搜索统计。

由表 2-2 可知，基于 DEA 的战略性新兴产业创新研究非常少。

胡类明（2011）在中国高新区人力资本与创新绩效研究中，运用 DEA 方法及 SPSS 等软件进行实证研究，分别探讨高新区人力资本的存量、结构、流动对创新绩效的影响效度。

苗晴、戴强（2017）在建立投入—产出指标体系模型和创新效率评价模型的基础上，运用 DEA 评价方法通过 Deap2.1 软件对数据进行处理，分析得出高新技术 17 个行业的创新效率。

人力资本对京津冀战略性新兴产业创新绩效贡献研究

李立辉、付冰婵、万露（2017）借助 DEA-Malmquist 指数方法对湖南省战略性新兴产业创新效率进行实证，将产业创新过程划分为技术开发和技术成果产业化两阶段，通过全要素生产率分解角度对技术创新效率进行研究。研究认为：湖南战略性新兴产业创新效率整体增长较快，增速有逐渐下降到趋于稳定的趋势；技术开发阶段创新效率整体高于创新转化阶段；产业创新效率受技术进步、技术效率以及相关配套支持产业的影响。

张雪玲、黄雅娟（2018）基于两阶段视角，运用网络 DEA 模型对 2000~2015 年浙江省高技术产业的技术研发绩效与成果转化绩效动态变化趋势进行量化研究，研究发现两阶段创新绩效波动状况不同，不协调现象非常明显，尤其是研发绩效波动幅度比较大，有些年份的绩效远不能达到生产前沿面，出现效率偏低的状况。出现这种问题的主要原因是，在技术开发阶段，原创性产出不足导致研发绩效偏低，而成果转化阶段则存在竞争性产出不足等问题。另外，浙江省高技术产业的研发绩效低于成果转化绩效。研究结果表明浙江省的创新绩效在技术研发和成果转化阶段都有进一步提高的空间。

在中国知网文献库中以"基于 SFA 战略性新兴产业创新研究""基于 SFA 的人力资本对高技术产业创新绩效研究"为主题进行精确检索，都没有搜索到相关文献，而以"基于 SFA 的高技术产业创新绩效研究"为主题进行精确检索，2006~2018 年共有 78 篇文献，其中，硕士论文 18 篇，博士论文 1 篇，期刊论文 59 篇。见表 2-3。

表 2-3　　　　　国内关于基于 SFA 的高技术产业

创新绩效研究文献统计　　　　　　　　单位：篇

年份	2018	2017	2016	2015	2014	2013	2012	2011	2010	2009	2008	2007	2006
文献数	2	9	9	13	8	10	7	5	7	5	1	1	1

资料来源：根据中国知网搜索统计。

第2章 国内外研究现状综述

从表2-3可知，从2013年开始，学者们对高技术产业创新绩效的研究更多倾向于利用面板数据进行。

邬龙、张永安（2013）应用随机前沿分析（SFA）方法将创新效率分为技术创新效率和创新产品转化效率两个阶段，分别以专利数量和新产品利润作为产出进行综合分析使结果更为全面。

魏洁云（2014）利用1995~2011年29省域的研发投入与创新产出数据，运用随机前沿分析（SFA）和数据包络分析法（DEA）实证分别测算了29省域高技术产业的研发创新效率。结果表明：17年间中国高技术产业年均技术效率整体偏低，但是呈现逐年上升趋势，各地区高技术产业的创新效率均值SFA测算结果与DEA测算结果普遍都很低，尚有70%的改善空间，各地区创新效率差异显著，两种方法测算的结果排序具有高度相关性，排序结果显著一致。

魏彦莉、张玲玉（2017）应用SFA方法测算1995~2014年京津冀地区高技术产业的创新绩效，考察技术引进、购买国内技术、技术改造和消化吸收经费的支出对创新绩效的影响。研究得出：京津冀地区的创新效率较低，创新产出和创新转化之间存在差距，因此要在京津冀协同发展的基础上，加强同国内外技术的交流合作，增强对技术的消化吸收能力，激发技术改造动力，从而促进京津冀高技术产业的发展。

蔡文科（2017）从创新人力投入、创新物力资源投入、经济产出、非经济产出以及创新支撑环境等指标方面构建高技术产业创新驱动绩效评价指标体系；运用熵值法和TOPSIS物元模型，结合我国26个省区市2010~2014年的高技术产业发展数据，实证分析区域高技术产业创新驱动绩效水平。通过实证研究得出：东部地区的绩效得分比中西部地区的绩效得分普遍偏高，经济产出和创新资源的投入对高技术产业的创新驱动绩效影响较大，区域内部高技术产业的发展存在失衡，我国高技术产业的创新能力整体而言呈偏低趋势。

陈恒、侯建、陈伟（2018）在考察高技术产业开展内、外部知识源化和非研发创新路径发展特征的基础上，运用空间计量经济学方法，探讨 2008～2014 年高技术产业内外部知识源化、非研发和创新绩效的空间相关性及分布结构，并将地理空间因素纳入多种创新路径驱动创新绩效机理框架下进行比较分析，实证考察其对创新绩效的影响机理。结果表明，高技术产业外部知识源化与非研发投入所占比重远远小于内部知识源化，技术创新路径非均衡性发展特点显著；高技术产业内外部知识源化、非研发与创新绩效存在较为显著的空间自相关性，内外部知识源化、非研发与创新绩效一定程度上呈现为相似值在空间上趋于集聚的分化态势，相邻地区空间溢出效应显著；高技术产业外部知识源化对创新绩效起到显著正向促进作用，而现阶段内部知识源化和非研发规模对创新绩效分别呈现微弱的正向和负向影响，没有充分发挥促进效应。

2.3 人力资本与产业创新绩效关系实证研究综述

根据世界经济合作与发展组织（OECD）2013 年发布的《主要科学技术指标》（*Main Science and Technology Indicators*）最新统计数据，中国经济总量和研发投入总量均已位居世界第二；然而根据瑞士洛桑国际管理学院（IMD）发布的 2013 年的《世界竞争力年鉴》（*IMD World Competitiveness Yearbook*）数据显示，2013 年中国竞争力排名第 21 位，其中企业绩效整体指标排名第 25 位，企业绩效中生产力及效率子指标排名第 31 位；同时，根据康奈尔大学（JOHNSON）、欧洲工商管理学院（INSEAD）和世界知识产权组织（WI-

PO）联合发布的 2013 年的《全球创新指数》（Global Innovation Index）数据也显示，中国创新能力由 2011 年的第 34 位降至 2012 年的第 35 位；2014 年的《全球创新指数》报告的主题是：创新中人的因素，强调了创新过程中人力资本的重要作用。2014 年报告数据显示，尽管中国的创新能力（GII）指数处于全球 29 位，但是创新效率指数 1.03 处于全球第 2 位，明显高于 GII 指数排名前十的国家，且高于排名第一的瑞士（0.96）0.07 个百分点，与中国 2013 年这一指标相比（0.98，全球排名第 14 位），也有明显提升。2017 年的《全球创新指数》数据显示，中国创新能力由 2016 年的第 25 位升至 2017 年的第 22 位，主要在商业成熟度、知识与技术产出方面获得了高分。由此可见，与美、日、德等主要发达国家相比，虽然我国创新要素投入在不断增加，但并未带来产业创新能力的同步提升，产业创新绩效还处于相对较低的水平。如何优化创新要素投入结构，提高产业创新绩效，成为一个备受关注的问题。

2008 年金融危机以来，创新对各国经济发展越来越具有举足轻重的地位，增加要素投入无疑是形成产业竞争优势的关键性因素，但相同的投入要获得更好的创新绩效，就不仅仅是规模问题，还涉及结构问题。为此，深入分析不同创新要素在不同阶段是如何影响产业创新绩效的具有重要意义。

在中国知网文献库中以"人力资本对京津冀战略性新兴产业创新绩效研究"为主题进行精确检索，没有搜索到相关文献。下面从人力资本与组织创新关系、人力资本与产业创新绩效关系、人力资本与区域创新关系三个方面总结回顾相关研究成果。

2.3.1 人力资本与组织创新关系的实证研究

人力资本的形成和积累将会全面改善生产过程中物与人两类因

人力资本对京津冀战略性新兴产业创新绩效贡献研究

素的效率，人力资本是推动技术创新的基础力量。人是组织构成细胞、是组织创新的主体，研究人及人力资本与组织创新关系成为学者研究的一个关注点。

尼尔森和费里普斯运用两个人力资本与技术扩散模型证明了社会平均受教育程度的提高将缩小实际技术水平与理论水平的差距。卢卡斯对人力资本积累的正规、非正规学校教育和"干中学"这两种方式分别建立了"两时期模型"和"两种商品模型"。雅各布·明瑟认为：在经济增长过程中，人力资本发挥了以技能存量为主要特征的生产要素作用和以知识存量为主要特征的创新作用。李京文认为，拥有一定知识、技术与能力的劳动力即人力资本是进行技术创新的重要源泉之一。

斯图尔特（Stewart，1997）认为人力资本的重要性在于它是创新和更新的源头，也就是说组织创新是人力资本的一项输出，组织成员的知识存量是组织人力资本的一部分，但知识存量的高低也代表了其组织创新能力的强弱。同时，斯图尔特将组织内部的人员分为四类：难以获取的低附加价值人员、难以获取的高附加价值人员、容易获取的低附加价值人员以及容易获取的高附加价值人员。他认为正是第二类人员即难以获取的高附加价值人员以其才能和经验创造出来的产品、服务，才使得企业能抓住顾客，这类人员才是组织的人力资本。最后，他做出归纳：企业的人力资本越是密集，该企业内员工所从事的高附加价值工作的比例就越大，人力资本累积越丰富，人力资本的输出——组织创新能力就越高，公司的盈利能力和组织竞争能力就越强；同时，这类人员不易获取，相对于竞争对手来说，本企业就获得更多的竞争优势。

研究表明，人力资本是影响组织创新的重要因素。蒂德（Tidd，1997）认为组织创新的影响因素包括组织的结构、个人扮演的角色、员工的训练发展、团队工作的建立、人员涉及创新的程度以及

第 2 章　国内外研究现状综述

组织本身如何去学习及分享知识等。金和安德森（King & Anderson，1995）认为组织创新的影响因素主要是：人员、组织结构、创新氛围、组织文化及环境。所有这些影响因素可归为个人因素、组织因素与环境因素，其均对组织创新具有解释力。不论是个人层面还是组织层面的人力资本都是影响组织创新的重要因素。企业人员素质（领导和员工的价值观念、工作作风、业务知识、工作技能、学习能力）是组织创新的原动力，企业人员（尤其是领导层）素质的变化，会引起组织战略、集分权程度、管理幅度、沟通效率等发生变化，从而导致组织创新。

周天勇（2006）认为，人力资本引起物质资本、资金和技术投入的增加，并由此促进基础科学进步、新技术发明和制度创新，从而导致要素投入状况的改变及其使用效率的提高。王金营（2006）通过建立理论模型，得出技术创新源的技术创新会形成一个技术势的增长流的结论，而技术势是投入人力资本的增函数，人力资本的积累也是一种能量积累，一旦达到相当程度并得以释放，就会出现技术创新、生产率提高和社会文明进步。

吴伟浩（2008）指出，企业的组织创新要受到组织内外部多种因素的综合影响，这些因素包括：企业所在产业特性、企业外部环境变动程度、企业所处生命周期以及企业内部的人员状况、资源水平以及竞争战略情况，而企业人员素质、执行力等因素在很大程度上决定了企业组织创新的成败。蒋天颖（2009）在研究智力资本对组织创新绩效的影响时，发现作为智力资本的一部分的人力资本对企业组织创新绩效有显著的正向影响。

张丽娜、孙利辉（2014）在组织学习、人力资本及企业创新绩效的关系的研究中，认为组织学习、人力资本对企业创新绩效是正向影响关系，且当人力资本处于不同发展阶段时对企业创新绩效的影响程度也会有所不同。通用性人力资本可正向影响专用性人力资本，表现为凝结在组织成员身上的知识、能力、经验、工作态度等不断提高并逐渐表现出特质性，随着组织学习的深化及人力资本的优化，企业的创新绩效处于持续的改进过程之中。

陈燕莹、黑启明（2015）研究了人力资源柔性与创新团队和组织结构的关系，帮助传统企业或风险投资基金在新一轮的"互联网+"背景下有效进行人力资本投资，进行组织结构的变革以及创新团队的重新建设，通过开发人才的最大价值和最大效用，提升团队创新能力。

王朝晖（2017）提出一个企业跨组织研发合作、研发人力资本、研发投资对创新绩效影响的综合分析框架，并以湖南100家创新型企业为调查对象进行实证检验。研究表明：企业跨组织研发合作对创新绩效呈倒U形影响，说明跨组织研发合作不足或过度都会侵蚀创新绩效；研发专用人力资本和研发通用人力资本对倒U形关系起部分中介作用，因此企业必须提升内部人力资本来吸收和整合外部知识；企业研发投资调节跨组织研发合作与创新绩效的倒U形关系，且进一步调节研发人力资本的中介作用。

2.3.2 人力资本与产业创新绩效关系的实证研究

何庆丰、陈武、王学军（2009）对我国科技活动的直接人力资本投入、研发投入与创新绩效之间的定量关系进行了实证分析。运用主成分分析法对我国各类科技活动的直接人力资本投入、研发投入和创新绩效的水平进行了综合评价，并运用 Pearson、Kendall 和 Spearman 三种相关分析测算了直接人力资本投入、研发投入与创新绩效的相关系数，运用 Enter 回归分析方法测度了直接人力资本投入、研发投入对创新绩效的贡献度。

胡类明（2011）综合运用人力资本理论、区域创新理论、产业集群理论等技术经济学领域的最新成果,以高新区人力资本测度结构体系和创新绩效评价结构体系的构建为突破口,深入探讨高新区人力资本与创新绩效的相互关系和作用机理,为创新导向的高新区人力资本价值提升路径探索提供分析框架和理论依据。

邬龙、张永安(2013)以北京市信息技术和医药两大代表性战略性新兴产业为例对其创新效率进行了比较分析。研究认为信息技术产业创新效率逐年快速提升,但科研人员水平和配置出现瓶颈,不利于高水平创新发展。医药产业虽然技术创新效率较高,但创新产品转化效率较低,产业缺乏市场竞争力和创新动力。

徐妍(2013)认为物质资本与企业家资本的交互作用对创新效率提升具有"1+1>2"的影响效果,但物质资本与劳动型人力资本只有相互匹配才能显著提升创新效率;知识本地溢出效应和创新环境优化效应对东部各省域创新效率差异的贡献最大,各集聚效应的交互作用对中部各省域创新效率差异的贡献最大,知识本地溢出效应和各集聚效应的交互作用对西部各省域创新效率差异的贡献最大;各省域创新效率呈现"高—高"邻近、"低—低"邻近的空间正关联模式,表明中国高技术产业技术创新效率"东高西低"状态。

李培楠、赵兰香、万劲波(2014)基于2007~2012年中国制造业和高技术产业数据,运用面板回归方法和BP神经网络方法,就人力资本、内部资金、外部技术和政府支持等创新要素投入对产业创新绩效的影响进行了实证研究。研究认为:在技术开发阶段,内部资金、外部技术以及人力资本中研发人员比重对产业创新绩效具有正向影响,人力资本中研发人员数量和政府支持对产业创新绩效具有负向影响;在成果转化阶段,人力资本对产业创新绩效具有正向影响,外部技术对产业创新绩效具有负向影响,内部资金对产业创新绩效呈倒U形关系,政府支持对产业创新绩效呈正U形关系。

赵飞（2016）通过对我国26个省区市1998~2013年智力资本与其绩效的考察，从智力资本三要素视角展开了对以医药制造业智力资本与其绩效为研究对象进行实证研究，认为医药制造业智力资本三要素的人力资本、关系资本和更新资本均正向影响其经营绩效和创新绩效；关系资本对经营绩效的贡献程度最大，人力资本对创新绩效的贡献程度最大；调节变量的加入影响医药制造业智力资本要素对其绩效的贡献程度。

2.3.3 人力资本与区域创新关系的实证研究

张一力（2006）按照不同的人力资本结构划分了制度创新密集模式、技术创新密集模式、双密集模式和创新双陷阱模式四种区域创新模式，通过对温州、西安和深圳创新模式的实证比较认为，提升我国区域创新模式要补足与完善人力资本结构，从而促进区域经济的可持续发展。

李福柱（2006）在对人力资本结构与区域经济发展调控机理、模式和对策研究中指出，人力资本的结构状况直接决定其功能水平。

周万生（2007）运用理论与实证相结合的方法，阐释了人力资本与区域科技创新能力、区域产业创新能力、区域环境创新能力的关系及其作用和影响，结合"十一五"规划提出的"自主创新"与"人才强国战略"，探讨了基于成都市提升创新能力的人才机制以及配置方式。

孙建、齐建国（2009）通过分析包含区域研发人力资本积累的跨期世代交叠模型，利用中国1996~2006年的省际数据进行实证分析结果表明，以区域从事研发的每万平方公里科学家工程师人数大约等于人为门槛，中国区域创新存在着两大俱乐部收敛现象。同时，面板门槛回归模型也较好地解决了收敛理论中的俱乐部效应内生性问题。

张建民（2010）研究认为：我国不同省、区、市的技术创新能力有很大差异，呈现明显的层次性，根本原因是各地人力资本状况、经济发展水平和制度环境的差异。不同地区人力资本存量差异较大，比较丰裕的有北京、广东、江苏、山东和上海等东部经济发达地区，比较贫乏的是甘肃、宁夏、青海和西藏等西部欠发达地区，从而造成东西部技术创新能力差异明显；区域经济发展水平与技术创新能力之间呈较高程度的正向相关关系；不同区域制度完善程度与其技术创新能力之间的分布存在一致性。

梁海明（2012）研究认为：人力资本对区域技术创新有正向推动作用。在短期内，西部地区人力资本对区域技术创新能力的推动作用最大，东部次之，中部最小；而在长期内，东部地区人力资本对技术创新的推动作用仍然最大，中部次之，西部最小。对全国及东、中、西部地区，人力资本水平越高对区域技术创新的推动作用越大，而在中、西部地区各种水平的人力资本对区域技术创新的贡献不显著性。通过面板协整检验明确人力资本与区域技术创新存在长期的稳定关系。

李宁、张佩琪、徐可、顾明华（2017）提出了体现两阶段特征的偏好 DEA 模型，对我国高技术产业的区域绩效进行了测算，探究出决策者在不同阶段偏好下对高技术产业创新效率的影响，认为部分地区的高技术产业区域创新绩效具有较强的鲁棒性，其总体效率并未因受到阶段偏好的影响而改变。

2.4 人力资本对产业创新绩效影响因素研究综述

企业创新绩效受到不同类别人力资本的影响。李忠民（2010）

人力资本对京津冀战略性新兴产业创新绩效贡献研究

从能力视角划分人力资本类别：专家型人力资本、管理型人力资本、技能型人力资本、一般型人力资本。企业管理者承担创新的决策职责并完成创新资源的配置，研发人员完成技术创新的研发过程，技能型人力资本实现研发成果的产品化，一般型人力资本实现新产品的生产、销售效益化过程。

人力资本对产业创新绩效影响因素有所不同，不同学者、不同研究视角、不同研究背景下得到的结论不同。

胡类明（2011）认为人力资本的合理流动应该遵循利益驱动规律、供需均衡规律、结构优化规律和比较优势规律。只有在存量性、结构性、流动性都具有合理优度的情况下，人力资本的增益性才能更好地发挥，高新区的创新绩效水平才能得到有效提高。他认为：人力资本的各个价值因子之间，知识智慧因子和技术技能因子的相关度最高；当前我国高新区人力资本对高新区自身经济发展以及地方经济的发展总体上起到了积极的促进作用；高新区高学历、高职称人员在一定程度上促进了直接科技成果产出和经济产出，但是并不是学历、职称越高则创新绩效越高，而硕士层次人员和年轻劳动力对经济产出起到强有力的支持作用；薪酬是影响人力资本流动及高新区发展的重要因素，社会保障、职业尊严、自然环境、制度文化等因素都会对人力资本的流动产生影响。

柳欣（2013）运用面板数据回归模型（SFA）系统分析了影响高技术产业创新绩效的区域创新环境因素。研究表明：从横向来看，我国省级区域高技术产业创新绩效呈现东部—中部—西部递减的趋势，即东部高技术产业创新绩效好于中部，中部好于西部。从纵向来看，除少数几个省区市的高技术产业创新绩效呈递减趋势外，大部分省市的创新绩效变化呈波浪式递增趋势。从区域创新环境对高技术产业创新绩效的影响来看，基础设施环境、市场环境、劳动者素质、金融环境对高技术产业创新绩效有显著的正效应，其

第 2 章　国内外研究现状综述

中市场环境和劳动者素质的影响最为明显；市场竞争激烈程度对高技术产业创新绩效有显著的负面影响效应。

梅静娴（2014）在对我国高技术产业 1996～2012 年 17 年间创新绩效的变化趋势进行数据描述的基础上，利用面板数据模型初步分析了整个高技术产业中因变量与自变量之间的关系。研究认为需要加大研发资金的投入与管理，加强对高技术人才的吸收及培养力度等。

王萌萌（2015）认为人才、资金、技术和知识等资源以企业、政府、大学和研究机构等为载体，通过有效整合后进行知识生产、技术转移与扩散，大大地推动了区域、产业、企业的创新产出，进而推动经济的发展进步。他根据高技术产业下属五大行业的面板数据进行实证研究表明，创新资源集聚水平对创新绩效影响显著，并呈现倒 U 形的非线性影响关系。

李强（2016）在技术创新能力、技术创新效率以及技术创新协调发展三方面构建了中国高技术产业技术创新绩效评价体系，研究认为中国高技术产业技术创新绩效整体表现不佳，其中技术创新能力整体水平相对较弱并且地区间的差异显著；技术创新效率地区间的发展不均衡；整体高技术产业技术创新尚未实现协调均衡发展。

魏彦莉、张玲玉（2017）应用 SFA 方法测算了 1995～2014 年京津冀地区高技术产业的创新绩效，考察技术引进、购买国内技术、技术改造和消化吸收经费的支出对创新绩效的影响。研究认为：京津冀地区的创新效率较低，创新产出和创新转化之间存在差距，因此要在京津冀协同发展的基础上，加强国内外技术交流合作，增强对技术的消化吸收能力，激发技术改造动力，从而促进京津冀高技术产业的发展。

周剑（2018）考察了行业市场化水平、对外开放水平、专业化水平、信息化进程以及政府政策支持对我国高技术产业创新效率的影响。研究认为：我国高技术产业整体创新效率较低，受2008年经济危机的影响，malmquist指数在2005~2015年呈现出先下降后上升的趋势。对malmquist指数的分解结果表明，在我国，无论是技术效率还是技术变动都处于倒退状态，其中技术倒退是malmquist指数低的主要原因；高技术产业创新效率区域间差异较大，东部地区效率较高，中西部地区效率较低；从我国高技术产业创新效率影响因素来看，市场化水平指标对高技术产业创新效率影响并不显著，对外开放水平指标负向影响显著，信息化水平指标正向影响显著，专业化水平指标正向影响显著，政府政策支持负向影响显著。

综上所述，学者们的研究主要集中于运用不同的实证研究方法对组织创新、产业创新、区域创新进行研究，主要有随机前沿分析（SFA）、数据包络分析法（DEA）（含DEA改造模型）、BP神经网络等方法；并且利用相关数据详细测算相应的创新效率，同时研究了人力资本对产业创新绩效影响。迄今为止还没有针对人力资本单一要素创新效率的相关研究，也缺乏人力资本对京津冀战略性新兴产业创新绩效贡献研究。本书将基于SFA模型对京津冀战略性新兴产业创新效率与人力资本关联度进行评价研究。

第 3 章　理论基础回顾及概念界定

3.1 人力资本的概念界定

舒尔茨在1960年提出人力资本理论后，各国学者掀起了研究热潮。舒尔茨在其论著中，对人力资本的定义、形成途径以及这种资本类型对经济发展的贡献作用做了系统的说明。他通过实证研究发现，人力资本对美国经济的增长起到33%的作用，很好地证明了传统通过自然资本和物质资本来说明经济问题的局限性。这一宏观层面的研究很好地证明了人力资本对经济的贡献。之后，贝克尔则从微观角度对人力资本理论进行了拓展和丰富。卢卡斯在1988年构建了人力资本作为内生变量的增长模型，将人力资本的实证研究进一步丰富。国内学者对人力资本的研究起步较晚，但从宏观和微观两个层面进行了卓有成效的研究。例如，张国强等（2011）通过实证研究提出我国服务业增长与人力资本水平间存在正相关关系。谢桂花（2012）则对不同受教育程度的人力资本进行了讨论，提出受教育程度与人力资本回报率成正相关关系。

学者们从宏观和微观两个方面对人力资本的含义进行了探讨。宏观方面的讨论延续舒尔茨的研究方向，关注人力资本对国家或区域经济的贡献研究；微观方面关注人力资本对企业效益增长的贡献研究，研究的内容涵盖人力资本投资形式研究、人力资本投入产出的效率分析、与企业管理的关联性研究等。

就人力资本的定义来看，代表性的说法有：舒尔茨（1960）认为人力资本是类比于物质资本的一种资本形式，它以个体所特有的知识、技能、经验和健康等为载体。李忠民（1999）提出人力资本具有价值创造属性，它以人类个体为载体，并将人类个体所创造的价值转储于商品或服务，以提升商品或服务的效用。林克斯克

(Dzinkowski，2000）认为人力资本是特定组织中员工所拥有的专业知识、专业技术、技能等。里德（Reed，2009）提出人力资本主要由习得的知识、技能以及在学习型组织或市场中共享的知识组成，企业的人力资本获取方式主要有招聘、培训和保留。李王芳（2013）则从组织层面进行了分析，她认为人力资本是流量和存量的结合体，一方面体现为组织员工所具有的知识储备、技能及信息的存量，另一方面还由组织促进员工人力资本价值增值的能力决定了其流量的变动性，即组织的人力资本管理能力越强，组织人力资本的价值储备与增值能力就越强。袁富华（2015）研究认为不同层次的人力资本对经济发展的作用是不同的，建议国家应优化人力资本结构，以匹配国家经济结构升级的需求。汪海霞（2018）基于人力资本在企业创新能力与产业升级过程中中介作用的实证研究，提出人力资本的知识储备与技能属性仍然是其价值创造的基础要素。

综上所述，本书认为，人力资本是蕴含在人体中的知识、技能、经验的外在表现，其具有价值创造与增值能力，对微观组织与宏观区域的发展与成长具有关键性支撑作用。

3.2 战略性新兴产业的含义与特点

战略性新兴产业是我国基于经济发展需求提出的中国特色化的经济学名词，最早出现在 2009 年的《国务院关于发挥科技支撑作用促进经济平稳较快发展的意见》文件中。文件初步提出战略性新兴产业的类别包括：新材料、航空航天、信息、生物、新能源等，建议产学研组成创新联盟积极参与国家重大科技专项攻关计划，进而带动这一新兴产业类别的发展。战略性新兴产业的含义是在《国

第 3 章 理论基础回顾及概念界定

务院关于加快培育和发展战略性新兴产业的决定》中首次给出的。文件中提到：战略性新兴产业是以重大技术突破和重大发展需求为基础，对经济社会全局和长远发展具有重大引领带动作用，知识技术密集、物质资源消耗少、成长潜力大、综合效益好的产业类型。据此，该决定进一步明确了七大产业构成——新能源汽车、节能环保、新材料、新一代信息技术、生物、高端装备制造、新能源，并提出要将这一产业类型培育成为我国经济发展的支柱性产业，因此战略性新兴产业的发展动力探讨显得尤为重要。《"十三五"国家战略性新兴产业发展规划》提出了我国发展战略性新兴产业的目标：到 2020 年要形成战略性新兴产业体系，且产业结构得到优化，同时对接"中国制造 2025"战略，实现新兴产业创新驱动的发展道路。在我国产业结构调整过程中，战略性新兴产业以新技术为龙头带动科技创新推动下的产业革命，以此扶持发展战略性新兴产业的核心竞争力。

不难发现，战略性新兴产业作为我国经济发展的专有名词，伴随此产业类型的迅猛发展，对战略性新兴产业的内涵分析成为学术界的热点。李金华（2011）提出战略性和新兴性是这一产业内涵的关键点，战略性指的是经济发展的全局性，新兴性指的是产业发展的创新性。周晶（2011）认为战略性新兴产业是战略产业和新兴产业的交叉产业。回顾政策文献和学者观点，研究认为，战略性新兴产业是新兴产业、战略产业与支柱产业高度整合之后的新兴产业类别，是我国经济转型的需要，是我国经济发展稳增长、调结构的必然结果，这一产业类型的突出特点是技术创新是产业发展与变革的核心动力。因此探究战略性新兴产业创新绩效实现的原理和支撑因素成为学界研究的热点。

李媛（2013）以风电设备制造业为样本案例，研究了我国战略性新兴产业成长的驱动机制，研究结论显示市场拉动和政府驱动是双重驱动机制，需要构建产学研相结合的创新网络形成创新驱动下的发展模式。王舟（2014）通过对中小板和创业板的战略性新兴产业代表企业的实证分析，研究发现政府的创新补贴有助于企业的创新产出，尤其是对制造业和服务业的对比分析显示，政府的创新补贴对制造业公司的作用尤其明显。刘迎春（2016）应用DEA方法分别针对技术开发、成果产业化前后两个创新环节进行战略性新兴产业的技术创新测算，结果显示我国战略性新兴产业的技术开发创新效率较高，但是创新的成果转化效率较低。

综上所述，学界对战略性新兴产业创新相关主题的研究成果丰富，但是对影响产业创新绩效因素的讨论观点并不统一。政府政策、产业环境、产学研创新联盟、创新要素等单一或多维因素与产业创新绩效间的研究从未间断，其中尤以人力资本这一核心创新要素的研究最为集中，但迄今并未出现针对京津冀区域战略性新兴产业人力资本要素与其创新绩效间的系统研究，因此，本书拟从人力资本要素切入，对比分析三地战略性新兴产业创新绩效的差异，从而明确三地人力资本在战略性新兴产业发展中的贡献差异，进一步推动人力资本区域一体化带动下的产业一体化，进而实现区域经济协调发展的最终目标。

3.3　创新绩效的含义

创新绩效反映企业创新行为取得的成果，对企业的生存和发展至关重要，近年来国内外理论界对创新绩效及创新绩效的影响因素进行了大量研究，从不同角度总结了创新绩效的含义。

詹森（Janssen，2000）根据创意从产生到发展促进，到最终得以实现和应用的一系列过程，从创新意愿、创新行为和创新结果三个方面对创新绩效进行了划分和测量。但芒福德（Mumford，2000）认为，创新绩效不仅指企业赖以生存和发展的创新产品或技术，还涵盖了研发人员在实现创新目标过程中的知识发现、创新流程和工作氛围等所有可能影响创新绩效的过程因素。

在管理学界，创新绩效是对企业创新活动效率和效果的评价。学者们对创新绩效的研究已经相对成熟，主要从以下几方面来对其进行测度。一是度量创新产出形式。主要包括新产品、自主知识产权、自主知名品牌。哈格多恩和克洛特（Hagedoorn & Cloodt，2003）等从研发投入额度、申请的专利数、新产品开发数量和新产品的开发速度等方面进行衡量；勃拉曼尼亚尼和尼拉坎塔（Subramanian & Nilakanta，1996）从创新的平均数量、创新平均所费时间及领先对手推出创新的时间三个角度衡量创新绩效。二是度量创新效益。创新型企业不但能够获得较高的市场收益，同时，效益还可以体现在新价值的实现上，或是各种产出综合叠加的综合效益中。三是从创新类型角度区分创新绩效。方润生将创新绩效细分为产品创新和过程创新；里特尔和兹格明登（Ritter & Gemunden，2003）用产品创新和工艺创新来描述创新绩效。

3.4　创新要素

对于创新要素的构成，目前相关研究并没有统一的界定标准。一是从系统与环境角度，认为创新要素包括主体、资源和环境要素。主体要素包括大学、科研机构、企业等，资源要素包括知识信息、人才、资金等，环境要素包括内部软硬件创新环境以及外部创新网络环境等。二是从直接和间接角度，认为创新要素包括直接要素和间接要素。直接要素包括技术、人力资本和资金，间接要素包括基础设施、社会环境和宏观政策。三是从结构和功能角度，认为创新要素包括主体要素、支撑要素和市场要素。虽然这些分类的视角和内容不同，但究其本质，都认为在创新体系里，创新要素主要由人才、资金、技术和资源构成。

第 4 章　基于SFA模型的京津冀战略性新兴产业创新效率与人力资本关联度评价

第4章 基于SFA模型的京津冀战略性新兴产业创新效率与人力资本关联度评价

近年来，我国战略性新兴产业得到非常迅猛的发展，已经引起国家的高度重视，并且上升到国家战略层面。与此同时，战略性新兴产业在发展过程中也出现了诸如技术创新能力不强、研发投入不足、创新效率低下等问题。这些不足严重阻碍了我国战略性新兴产业进一步发展。本书将从创新效率角度对我国战略性新兴产业创新效率进行评价，并探索创新的主要影响因素，提出提升战略性新兴产业创新能力的策略和建议。

4.1 研究方法

目前测试研发效率的方法主要有参数法和非参数法两大类。非参数法以查尼斯等提出的数据包络分析（data envelopment analylysis，DEA）方法为代表，该方法采用数学规划法，无须建立变量之间的严格函数关系，在多投入多产出的效率度量上具有优势。但DEA由于设定了研究边界，并且不考虑测量误差的存在而具有不足之处。参数方法以随机前沿分析（stochastic frontier ananalysis，SFA）方法为代表，该方法由艾格纳（Aigner）、巴蒂斯（Battese）、科拉（Corra）提出。SFA采用计量方法对前沿生产函数进行估计，依赖于对数据的随机性假设，有更为坚实的经济理论基础。同时还可判断生产函数模型按拟合质量，提供各种统计检验值。因此，SFA在测量误差和统计干扰处理上具有优势。通过估计生产函数对生产过程进行描述，使技术效率得到控制，并且SFA不仅可以测算每个个体的技术效率，而且可以定量分析各种相关因素对个体效率差异的具体影响。该模型不仅考虑了可控制的无效率因素对产出的影响，而且考虑了随机冲击因素对产出的效应，模型中的混合误差项同时包括衡量随机冲击因素效应的对称误差项和衡量生产者技术无效率的非负误差项两个部分。

随机前沿方法的基本模型为:

$$Y_{it} = f(X_{it}, t)\exp(V_{it}, U_{it}) \qquad (4-1)$$

式(4-1)中,i 和 t 分别表示第 i 个地区和第 t 个年份;Y_{it} 表示省份 i 在 t 期的产出,X_{it} 表示省份 i 在 t 期的要素投入,t 为时间趋势,$i=1,\cdots,n, t=1,\cdots,T$。$V_{it} - U_{it}$ 是复合结构的误差项,V_{it} 表示随机误差,包括观测误差和其他随机噪声误差,V_{it} 服从 $N(0, \sigma^{2v})$,且独立于 U_{it}。U_{it} 为非负的随机变量,服从截尾正态分布,U_{it} 服从 $N(m_{it}, \sigma^{2u})$,其中 m_{it} 越大,表示效率越低下,即同样研发经费和研发人员的投入得到的产出越少。

巴蒂斯和科埃利(Battese & Coelli, 1995)在上述模型基础上引入技术非效率函数,如:

$$U_{it} = \delta_0 + Z_{it}\delta + \omega_{it} \qquad (4-2)$$

式(4-2)中,Z_{it} 为影响技术非效率因素,δ_0 为常数项,δ 为影响因素的系数向量,如果 $\delta < 0$,说明其对技术效率有正的影响,反之,则有负的影响,ω_{it} 为服从正态分布的随机误差项。

此外,巴蒂斯和科埃利(1995)还设定了方差参数 $\gamma = \sigma_u^2 / (\sigma_u^2 + \sigma_v^2)$ 来检验采用 SFA 的合理性。γ 的取值介于 0~1 之间。若 γ 接近 1,说明无效率项在实际产出与前沿面的偏差中占主要成分,此时采用前沿函数模型就是合适的;若 γ 接近 0,说明随机误差是主要成分,此时使用最小二乘法(OLS)进行估计即可。

生产函数较常用的有柯布—道格拉斯生产函数和超越生产函数两种形式。

当仅考虑资本(K)和劳动力(L)两种投入时,柯布—道格拉斯生产函数取自然对数后可表示为:

$$\text{Ln}Y = \beta_0 + \beta_1 \text{Ln}L + \beta_2 \text{Ln}K$$

第4章 基于 SFA 模型的京津冀战略性新兴产业创新效率与人力资本关联度评价

超越生产函数是对柯布—道格拉斯生产函数的推广，其取自然对数后形式为：

$$\text{Ln}Y = \beta_0 + \beta_1 \text{Ln}L + \beta_2 \text{Ln}K + \beta_3 (\text{Ln}L)^2 + \beta_4 (\text{Ln}K)^2 + \beta_5 \text{Ln}L\text{Ln}K$$

其中，β_0、β_1、β_2、β_3、β_4、β_5 为待估计参数。

柯布—道格拉斯生产函数的主要优点是形式简单，参数有直接的经济学含义（β_1 和 β_2 分别表示资本和劳动相互作用于产出弹性）；选择超越生产函数的主要优点是考虑了资本和劳动相互作用对产出的影响，克服了柯布—道格拉斯生产函数替代弹性固定为 1 的缺点。

国内学者主要采用数据包络分析（DEA）和随机前沿分析（SFA）两种方法从区域和产业角度对我国战略性新兴产业创新效率进行研究。刘迎春（2016）利用 2000～2014 年中国战略性新兴产业五大行业的投入产出数据，采用 DEA 方法，对该产业的技术开发和技术成果产业化两阶段技术创新效率进行实证研究。研究发现中国战略性新兴产业技术开发平均创新效率较高，规模报酬递减，整体呈现 U 形形态；技术成果产业化平均创新效率较低，规模报酬递增，存在一定的提升空间。李立辉等（2017）借助 DEA-Malmquist 指数方法对湖南省战略性新兴产业创新效率进行实证分析，他们将产业创新过程划分为技术开发和技术成果产业化两阶段，通过全要素生产率分解角度对技术创新效率进行研究。研究发现湖南战略性新兴产业创新效率整体增长较快，增速有逐渐下降趋于稳定的趋势；技术开发阶段创新效率整体高于创新转化阶段；产业创新效率受技术进步、技术效率以及相关配套支持产业的影响。韩晶（2010）应用 SFA 方法对中国高技术产业创新效率进行了实证分析。研究表明，中国高技术产业整体创新效率呈改善的趋势；电子计算机及相关行业创新效率最高，装备制造业创新效率最低；科技人员在高技术产业创新中的产出弹性弱于科研经费的产出弹性，中国高技术产业创新产出主要是经费拉动型的。

数据包络分析方法适合进行多投入多产出类型的效率测量，但对于测量误差缺乏考虑。随机前沿分析方法采用计量方法对前沿生产函数进行估计，较好地处理了测量误差与统计干扰。由于具有以上优势，随机前沿分析方法在效率测定上得到了广泛的应用。孔柄溟和西克尔斯（Gong & Sickles，1992）认为，在模型设定合理且采用面板数据条件下，SFA方法会得到比DEA方法更好的估计效果。

以往研究中，大多数学者选择新产品销售收入或专利申请数作为创新产出指标进行独立分析，前者反映技术成果的转化情况，后者反映技术开发的情况，因此，有必要从技术开发和技术成果转化两个阶段出发，对其各自的创新效率进行对比分析。

鉴于此，本书将采用随机前沿分析方法，以新产品销售收入和专利申请数分别作为创新产出，对我国战略性新兴产业创新效率及影响因素进行评价分析。

4.2 研究模型和变量设定

4.2.1 研究模型

前文所述，生产函数较常用的有柯布—道格拉斯生产函数和超越生产函数两种形式。这两种函数各有优缺点。生产函数的形式不能随便确定，而应根据客观的统计检验来决定选择使用哪种生产函数。首先应选择超越生产函数，在参数估计后做 $\beta_3 = \beta_4 = \beta_5 = 0$ 是否成立的似然比检验，若不能拒绝 $\beta_3 = \beta_4 = \beta_5 = 0$ 的原假设，则选择柯布—道格拉斯生产函数，反之，选择超越生产函数。

以医药制造业的新产品销售收入为例，运用软件FRONTIER4.1估算结果见表4-1。

第4章 基于SFA模型的京津冀战略性新兴产业创新效率与人力资本关联度评价

表4-1 超越生产函数的估计结果

(以医药制造业的新产品销售收入为变量)

变量	系数	标准差	t-检验值
β_0	8.809	2.503	3.519
β_1	-0.403	0.526	-0.765
β_2	0.407	0.327	1.244
β_3	-0.011	0.021	-0.547
β_4	-0.062	0.057	-1.088
β_5	0.087	0.051	1.694
σ^2	0.402	0.087	4.634
γ	0.450	0.122	3.693
η	0.146	0.028	5.261

由表4-1可知，β_3、β_4符号为负，不符合经济学实际意义，且参数的t值均很小，未通过t检验，这已在一定程度上表明本问题选用超越生产函数不恰当。

下面做进一步统计检验：

H_0：$\beta_3 = \beta_4 = \beta_5 = 0$，$H_1$：$\beta_3$，$\beta_4$，$\beta_5$不全为0

$LR = -2[\text{Ln}L(H_0) - \text{Ln}L(H_1)] = 2.396$，而$LR$近似服从自由度为3的$\chi^2$分布，而$\chi^2_{0.05}(3) = 7.815$，故不能拒绝原假设。因此根据上述参数估计和统计检验结果表明，本问题不宜选用超越生产函数，而应该采用柯布—道格拉斯生产函数的随机前沿模型。

具体的柯布—道格拉斯生产函数形式的随机前沿模型构建如下：

$$\text{Ln}Sales = \beta_0 + \beta_1 \text{Ln}InputRDP_{it} + \beta_2 \text{Ln}InputRD_{it} + V_{it} - U_{it} \tag{4-3}$$

$$\text{Ln}Patent = \beta_0 + \beta_1 \text{Ln}InputRDP_{it} + \beta_2 \text{Ln}InputRD_{it} + V_{it} - U_{it} \tag{4-4}$$

根据前人的研究，在进行创新效率分析时，产出多以新产品销售收入和专利申请数来表示。因此，本书选择新产品销售收入和专利申请数分别作为创新产出。式（4-3）中 Ln*Sales* 表示新产品销售收入（sales）的自然对数，式（4-4）中 Ln*Patent* 为申请专利数（Patent）的自然对数。式（4-3）和式（4-4）中 *i* 和 *t* 分别表示第 *i* 个地区和第 *t* 个年份；Ln*InputRDP*$_{it}$为研发人员的自然对数，Ln-*InputRD*$_{it}$为研发经费内部支出的自然对数，β_1 和 β_2 分别为研发人员和研发经费的产出弹性。V_{it}、U_{it} 设定同上，这里不再赘述。

对于技术非效率函数的影响因素，选择研发活动情况、产业利润、政府支持、产业规模等因素，技术非效率函数设定如下：

$$m_{its} = \delta_0 + \delta_1 \text{Ln}SR_{it} + \delta_2 \text{Ln}IP_{it} + \delta_3 \text{Ln}GS_{it} \\ + \delta_4 \text{Ln}IS_{it} + \omega_{it} \quad (4-5)$$

$$m_{itp} = \delta_0 + \delta_1 \text{Ln}SR_{it} + \delta_2 \text{Ln}IP_{it} + \delta_3 \text{Ln}GS_{it} \\ + \delta_4 \text{Ln}IS_{it} + \omega_{it} \quad (4-6)$$

式（4-5）中 m_{its} 为以新产品销售收入为产出变量的技术非效率函数的均值，式（4-6）中 m_{itp} 为以申请专利数量为产出变量的技术非效率函数的均值，*SR*、*IP*、*GS*、*IS* 分别表示研发活动情况、产业利润、政府支持、产业规模。δ_0 为待估常数项，δ_1、δ_2、δ_3、δ_4 分别表示上述变量对技术非效率的影响系数，如果系数为正，说明该变量对技术无效率有正向影响，即该变量对技术效率有负的影响，反之亦然。

4.2.2 变量设定

模型中所涉及的相关变量说明如下：

（1）投入与产出变量。

第一，创新产出。本书创新产出分别用新产品销售收入和专利申请数来衡量。专利申请数是技术开发的直接成果；新产品销售收入反映产业创新成果的转化能力。二者分别反映了战略性新兴产业

第4章　基于 SFA 模型的京津冀战略性新兴产业创新效率与人力资本关联度评价

创新过程的两个阶段：技术研发阶段和成果转化阶段。

第二，创新投入。在技术创新的投入要素上，研发经费和研发人员是研发活动实现的关键因素。研发人员折合全时当量是国际上通用的，用于比较科技人力投入的指标。但此数据有缺失，只能选择近似的指标——研发人员。研发经费内部支出指调查单位在报告年度用于内部开展研发活动的实际支出。它包括用于研发项目（课题）活动的直接支出，以及间接用于研发活动的管理费、服务费、与研发有关的基本建设支出以及外协加工费等；不包括生产性活动支出、归还贷款支出以及与外单位合作或委托外单位进行研发活动而转拨给对方的经费支出。该指标为国内外通用指标。因此，本书采用研发人员和研发经费内部支出作为创新投入变量。

（2）影响因素变量。

第一，产业研发活动情况。一般认为企业是创新活动的主体。企业主动开展研发活动，是经济实力与创新意识的综合反映。波特（Porter，1985）认为，为了保持长久的竞争力，企业应该开发新产品。作为一种高投入高回报的活动，研发活动不但能够为企业带来丰厚的利润，而且也使企业在市场上有更多的主动权、更少的竞争者，对提升企业竞争能力有重大的意义。具备创新实力与意识的企业，会积极开展科技创新。因此，产业中有研发活动的企业数量越多，越有可能催生创新。本书使用有研发活动的企业数与企业总数之比来反映产业研发活动开展情况。

第二，产业利润。一般认为，产业利润越高，产业越有能力进行研发，从而会影响产业创新效率。韩晶（2010）研究发现，产业利润对于创新效率有着明显的正向影响。本书使用利润总额表示产业盈利情况。利润总额是指企业生产经营活动的最终成果，是企业在一定时期内实现的盈亏相抵后的利润总额，它等于营业利润加上补贴收入加上投资收益加上营业外净收入再加上以前年度损益调整。

第三，政府支持。政府对科技创新具有重要的引导和推动作用。政府通过实施鼓励创新的政策，改善基础设施条件，搭建产学研合作平台等措施对创新活动予以支持。更为直接地，通过对企业的研发创新进行资助以及实施税收优惠等对企业创新进行引导和补贴。考虑到数据的可得性，本书在考察地方政府的支持时，主要衡量其研发直接资助的作用，即政府资金占研发经费内部支出的比重，这也是目前研究中重点关注的领域之一。

政府对企业创新进行资助，目的主要是为了克服研发活动的市场失灵现象。阿罗（Arrow，1962）首先对这一现象进行了阐释。阿罗认为研发活动具有公共品的属性，因而其社会收益将大于个人收益。此种情况下，如果将研发活动完全交给市场，由企业自身来完成，总的研发资源的投入就会不足，低于理想水平。这就需要政府对企业研发活动进行补贴。但是政府的这种干预对企业创新可能带来两种效果。一种是政府的研发资助弥补了企业创新资金的不足，降低了企业创新的风险，激励企业更大的研发投入，即对企业研发产生"激励效应"；另一种效果是政府的研发资助对企业研发产生"挤出效应"，政府的资助并没有激励企业更大的投资，反而挤出了企业的原有投资。对于这两种效应，国内外学者在研究中都有讨论，因此就政府资助的作用学术界尚未形成一致的意见。但是政府资助企业研发活动将会对企业研发工作产生影响，对此学者们已经形成共识。

第四，产业规模。一般认为产业规模越大越有利于创新，因为产业规模越大，产业实力越雄厚，就有越强的研发资本和更多的研发人员，从而更容易催生创新。产业规模越大，抗风险能力越强，越有能力承受研发失败所带来的风险。此外，规模越大的企业越容易发挥规模经济效应，从而促进科技成果的经济转化。肖仁桥等（2012）发现，产业规模对知识创新效率影响显著。韩晶（2010）、

第 4 章　基于 SFA 模型的京津冀战略性新兴产业创新效率与人力资本关联度评价

戴魁早等（2013）发现，产业规模是高技术产业创新效率的影响因素。本书使用从业人员年平均数表示产业规模。

4.3　实证分析

4.3.1　数据来源与处理

根据《中国高技术产业统计年鉴》，我国高技术产业主要包括：医药制造业、航空航天器制造业、电子及通信设备制造业、电子计算机及办公设备制造业、医疗设备及仪器仪表制造业五大细分产业。本书数据全部来自《中国高技术产业统计年鉴》，时间跨度为 2008~2015 年。由于部分省区市数据不全，因此本书在分析上述不同的细分产业时所采用的样本数量不尽相同。在分析具体细分产业时，所采用的样本数量在后文中会进行详细说明。

上述数据使用计量分析软件 FRONTIER4.1 和 EXCEL2003 进行处理。为了消除异方差的影响，所有变量均取自然对数值。由于个别省区的个别年度专利申请数量空缺，为了便于软件统计分析，因此在使用专利申请数作为创新产出进行分析时，相应的省区市都在专利申请数量原值的基础上加 1。

下面分产业依次将上述五大细分产业一一阐述如下。

4.3.2　医药制造业

医药制造业的研究对象包括：北京、天津、河北、山西、内蒙古、辽宁、吉林、黑龙江、上海、江苏、浙江、安徽、福建、江西、山东、河南、湖北、湖南、广东、广西、海南、重庆、四川、贵州、云南、陕西、甘肃、宁夏28个省级区域。其余省区的数据缺失严重，分析中暂不涉及。

医药制造业相关变量的描述统计量如表4-2所示。

表4-2 变量描述性特征（医药制造业）

项 目	极小值	极大值	均值	均值标准误	标准差
新产品销售收入（万元）	195.00	8514897.00	985415.96	91910.61	1375592.11
专利申请数（项）	0	2300.00	431.26	31.06	464.88
研发人员（人）	148.00	23197.00	4606.80	305.73	4575.73
研发经费内部支出（万元）	278.00	499893.00	59269.77	6922.51	81908.20
有研发活动的企业数与企业总数的比例	0.03	0.81	0.32	0.01	0.18
利润总额（亿元）	-0.80	692.60	64.57	5.34	79.96
政府资金占研发经费内部支出的比例	0.01	3.38	0.09	0.02	0.23
从业人员年平均数（人）	4198.00	255970.00	67446.58	3455.99	51724.50

资料来源：根据《中国高技术产业统计年鉴》计算得出。

4.3.2.1 以新产品销售收入为产出变量的实证分析结果

根据式（4-3）、式（4-5），得到表4-3中待估计参数的估计值及其相关检验结果，同时表4-4给出了基于新产品销售收入的中国医药制造业2008~2015年的创新效率水平估计结果。

表4-3 随机前沿生产函数估计的参数结果

（医药制造业的新产品销售收入）

变量	系数	标准差	t-检验值
β_0	4.778***	0.189	25.219
β_1	0.239***	0.049	4.889
β_2	0.644***	0.038	16.906

第4章 基于SFA模型的京津冀战略性新兴产业创新效率与人力资本关联度评价

续表

变量	系数	标准差	t-检验值
δ_0	42.194 **	17.799	2.371
δ_1	-2.939 *	1.661	-1.771
δ_2	0.368 ***	0.123	2.982
δ_3	-0.093	0.348	-0.267
δ_4	-5.440 **	2.518	-2.160
σ^2	6.132 *	3.175	1.931
γ	0.995 ***	0.026	37.321
η	0.133 ***	0.027	4.776
对数似然函数值	-139.061	样本数	224
单边LR检验	170.834	创新平均效率	0.688

注：*、**、*** 分别代表在10%、5%、1%显著水平下具有统计显著性。LR为似然比检验统计量，此处它服从混合卡方分布（mixed chi-squared distribution）。

表4-4　　　　　　中国医药制造业创新效率
（以新产品销售收入为变量）

地区	2008年	2009年	2010年	2011年	2012年	2013年	2014年	2015年	平均效率
江苏	0.793	0.864	0.939	0.816	0.797	0.833	0.908	0.926	**0.860**
山东	0.675	0.817	0.896	0.853	0.891	0.895	0.913	0.903	**0.855**
湖北	0.648	0.918	0.953	0.911	0.830	0.749	0.898	0.922	**0.854**
浙江	0.794	0.781	0.872	0.816	0.817	0.896	0.911	0.905	**0.849**
北京	0.855	0.861	0.901	0.879	0.832	0.849	0.733	0.698	**0.826**
湖南	0.591	0.799	0.664	0.911	0.880	0.893	0.906	0.908	**0.819**
重庆	0.886	0.949	0.831	0.691	0.721	0.692	0.747	0.905	**0.803**
吉林	0.395	0.865	0.860	0.773	0.872	0.927	0.863	0.862	**0.802**
天津	0.600	0.747	0.849	0.756	0.751	0.773	0.820	0.822	**0.765**
上海	0.898	0.575	0.821	0.774	0.812	0.739	0.705	0.793	**0.765**
贵州	0.397	0.681	0.777	0.693	0.733	0.872	0.905	0.822	**0.735**
江西	0.299	0.430	0.805	0.780	0.854	0.918	0.855	0.823	**0.721**
宁夏	0.798	0.925	0.939	0.807	0.487	0.504	0.564	0.662	**0.711**
安徽	0.314	0.720	0.617	0.674	0.782	0.834	0.810	0.771	**0.690**

续表

地区	2008年	2009年	2010年	2011年	2012年	2013年	2014年	2015年	平均效率
广西	0.619	0.417	0.826	0.388	0.697	0.912	0.880	0.779	**0.690**
广东	0.510	0.576	0.730	0.615	0.666	0.620	0.789	0.853	**0.670**
河南	0.425	0.849	0.887	0.726	0.517	0.616	0.572	0.478	0.634
四川	0.528	0.828	0.924	0.891	0.709	0.536	0.137	0.421	0.622
福建	0.474	0.524	0.652	0.568	0.565	0.662	0.652	0.680	0.597
陕西	0.320	0.863	0.424	0.764	0.604	0.594	0.660	0.364	0.574
山西	0.853	0.256	0.146	0.490	0.503	0.582	0.806	0.858	0.562
河北	0.365	0.412	0.460	0.444	0.651	0.646	0.670	0.785	0.554
云南	0.585	0.861	0.617	0.462	0.350	0.556	0.534	0.366	0.541
辽宁	0.844	0.407	0.423	0.767	0.453	0.518	0.444	0.449	0.538
内蒙古	0.012	0.199	0.002	0.459	0.559	0.809	0.472	0.123	0.329
海南	0.268	0.277	0.134	0.281	0.145	0.228	0.209	0.207	0.219
黑龙江	0.130	0.135	0.211	0.273	0.261	0.216	0.206	0.272	0.213
甘肃	0.136	0.139	0.106	0.182	0.342	0.193	0.202	0.343	0.205
平均效率	0.536	0.631	0.652	0.659	0.646	0.681	0.670	0.668	0.643

注：表中最后一列平均效率中黑体字表示大于平均值的数。
资料来源：根据《中国高技术产业统计年鉴》计算得出。

从表4-3可知，$\gamma = 0.995$，且在1%显著水平下具有统计显著性，说明式（4-3）中的误差项有着十分明显的复合结构，即研发投入在生产过程存在显著的效率损失，因此使用SFA技术对2008~2015年间的产业数据进行估计是合理的，而不能选择OLS估计。

式（4-3）和式（4-5）模型的实证结果如下。

（1）科技人员和研发经费的投入产出弹性。β_0、β_1、β_2均通过了显著性检验。其中：$\beta_1 = 0.239$说明研发人员每增加1%，会使该产业的创新产出（新产品销售收入）平均增加0.239%；$\beta_2 = 0.644$，说明研发经费投入每增加1%，会带来创新产出（新产品销售收入）平均增加0.644%。这反映出在人员和资本要素的投入中，新产品销售收入对于研发费用投入的变化更敏感，研发费用投入对

第4章 基于 SFA 模型的京津冀战略性新兴产业创新效率与人力资本关联度评价

于新产品销售收入的影响更大,即中国医药制造行业创新产出的增加主要是科研经费拉动的。这可能与研发人员质量、积极性以及人员与资本匹配等问题有关。因此,我国在增加资本投入、加大产业化的同时,更应注重人力资本质量的提高。此外,通过 β_1 和 β_2 之和可以判断该行业规模报酬情况: β_1 和 β_2 之和小于 1,表明中国医药制造行业目前处于规模报酬递减阶段,这与医药企业数量众多,规模较小,产业集中度水平较低的现状相符。$\eta = 0.133 > 0$,这表明各省、区、市的无效率将随着时间的推移而加速下降,即技术创新效率呈上升趋势。

(2) 不同地区的技术创新效率差异。从各省区市历年创新效率来看(见表 4-4),江苏、山东、湖北、浙江、北京、湖南、重庆、吉林 8 省市的技术创新效率处于高值区域,2008~2015 年 8 年间,它们的创新效率的均值在 0.8 以上,其中江苏的创新效率达到 0.86;内蒙古、海南、黑龙江、甘肃 4 省区技术创新效率较低,8 年间创新效率均值在 0.35 以下,其中甘肃最低,只有 0.205,与创新效率最高的江苏相比,相差 76.11%。这表明我国医药制造业区域发展极不平衡。从区域分布来看,创新效率较高的省区市基本上处于东部沿海或者长江沿岸等经济发达区域,而创新效率较低的省区多处于边缘内陆或经济落后地区。

有 12 个省区的年均创新效率在整体平均效率以下,占全部 28 个省级区域的 42.8%,即我国医药制造业约 2/5 省区的创新效率处在较低水平。这反映我国医药制造业的创新效率整体而言仍然处于较低层次,上升空间很大。

由于医药制造业的技术经济特点(高投入、高风险、高回报、研发周期长),该行业发展呈现向经济发达地区、专业智力密集区集聚的趋势。当前我国医药制造业集聚于东部沿海地区以及少数中西部的中心城市,这些地区综合经济实力强、科研院所集中、高端人才积聚，因此创新效率较高。这与上述各省区排名情况基本相符。

（3）医药制造业技术创新效率变动的趋势。医药制造业是指将原料经物理变化或化学变化后成为新的医药类产品的行业。医药产品关系到国计民生，需求具有刚性，医药制造行业属于技术密集型行业，具有弱经济周期、高投入、高风险的特点。

从我国医药制造业创新效率的动态发展来看（见图4-1），2008~2015年我国医药制造业总体创新效率稳定上升，这可能与2008年金融危机后我国政府实行积极的财政与货币政策，经济迅速回升、稳定增长存在密切的关系。这与大多数学者的研究成果一致。当前，受市场需求高速增长拉动和国家新医改政策向纵深推进等利好因素影响，医药产业呈现了持续高速发展的态势，业内人士称之为医药行业的"黄金十年"。自1978年至今的近40年是我国医药市场发展最辉煌的40年，平均销售收入递增幅度超过17%，远远高于全球医药市场平均增速8%~10%的水平。2001年以来中国医药制造业总产值年均增速保持在15%以上，明显高于同期GDP增速。进入21世纪，中国医药市场持续增长，目前中国已经成为仅次于美国的第二大医药市场。国内市场旺盛的需求成为中国医药产业发展的动力源泉。我国医药产品的销售市场目前仍以内需为主。

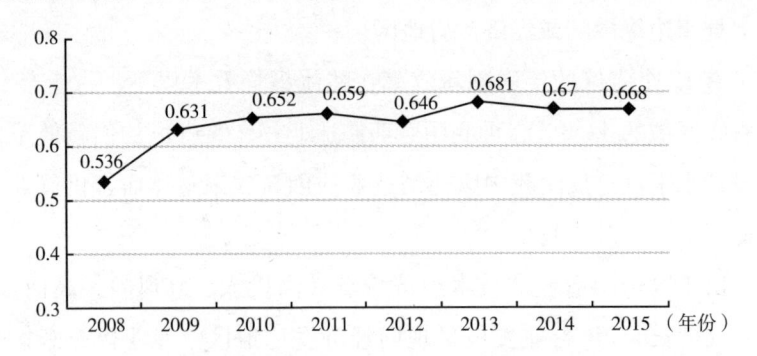

图4-1 中国医药制造业平均创新效率（以新产品销售收入为变量）

资料来源：根据《中国高技术产业统计年鉴》计算得出。

第4章 基于 SFA 模型的京津冀战略性新兴产业创新效率与人力资本关联度评价

因此，内需市场的发展主宰着国内的医药生产。业内人士指出，全球医药中心正在转变，中国将成为外资药企扩张业务的首选市场。

总体来看，医药制造行业的弱周期性，使其在宏观经济下行的背景下，仍能保持相对稳定的发展。与此同时，医改是影响整个医药行业的关键因素。近年来，新医改政策密集推出并逐步向纵深推进，政策内容涉及公立医院改革、鼓励社会办医、药品经营监管、药品价格改革、支付体系改革等多项内容，医保政策的完善带来下游需求持续扩容，行业整体仍保持较好的盈利能力。这些对医药制造业提升研发能力、提高研发效率奠定了坚实的基础。

此外，研发外包与跨国药企转移生产为我国医药企业增加了活力，促进了创新。我国加入 WTO 后，全球医药市场发生了许多变化，其中一个重要的变化是跨国药企的转移生产和委托加工日益扩大，越来越多的跨国公司把原料药产品转移给中国企业生产，如美国辉瑞公司把多个激素产品转让给上海医药集团生产；阿斯利康公司已停止生产原料药，转而向中、印采购；默克公司、日本第一制药等也纷纷与中国医药企业进行相关合作。转移生产给中国医药企业带来的不仅仅是订单和利润，更重要的是国际规则、先进的仪器设备、环保、安全和质量理念以及专利保护意识等，这将有利于提高我国医药行业的竞争能力和国际地位。与此同时，医药研发外包业务在我国方兴未艾。在北京中关村、成都高新区、上海张江高科技园区等地区，已涌现出一大批医药研发公司，如上海药明康德公司、睿智化学公司、北京智元公司、本原正阳公司等。这些承接医药研发外包业务的公司发展迅速，它们在国内医药行业带头实践和推广了国际标准的 GLP 和 GCP，并为中国制药由仿制向创新的转变培养了大批优秀人才。而且，它们让世界医药业开始关注中国，了解中国。世界医药科研的主力军也纷纷来中国落户。继丹麦诺和诺德公司来中国建立医药研发中心后，阿斯利康、礼来、罗氏、拜耳、诺华、葛兰素史克等跨国公司也纷纷来华设立研发中心或扩大研发投资，他们一致看好中国的医药研发环境及巨大的市场空间。跨国公司在华投资研发中心，给我国医药企业带来更多的合作和面对面的学习机会，并增加成果转让机会，同时也会给国内企业开发创新药带来巨大支持。比如上海张江就有4个尚处于早期研发阶段的一类新药和20多项接近后期的项目得到合资或注资；某外资企业还拟出资3700万美元购买上海一医药企业的科研成果。与外资协作开发、共享成果的合作加快了我国医药产业的创新进程[①]。

（4）京津冀医药制造业技术创新效率的比较。由表4-4可知，河北省医药制造业技术创新效率从2008年的0.365，迅速增长到2015年的0.785，年平均增长率为11.6%。尤其是2012年后已经基本与全国平均水平持平。

2008~2015年，河北省8年平均创新效率为0.554，排倒数第7位，处于较低层次。与排名第1的江苏相比，相差0.306，河北省的创新效率仅为江苏的64%。我国医药制造业大多数省区都在0.6以上，河北省属于效率低下的少数省区之一。此外，全国平均效率为0.643，河北省仅相当于全国行业平均值的86%。由上可知，河北省医药制造业在创新效率上与其他先进省区市相比，差距比较大。

河北省虽然是我国传统的医药大省，医药制造业总量居于全国前列，但是与全国其他省区市相比较时，河北医药制造业创新效率相对较低，这可能与人员冗余过多，科技人员积极性不高，缺少核心领军人才等因素相关。此外，投入结构不合理，人员投入与资金投入不匹配。这种投入的不均衡也必然会影响创新效率。对于产生上述结果的原因还需要在影响因素中进一步深入分析。

由图4-2可知，京津冀三省市相比，北京、天津医药制造业这

---

① 资料来源：2013年我国医药行业发展机遇分析，中国产业研究报告网 http：//www.chinairr.org，2013-01-18。

第4章 基于SFA模型的京津冀战略性新兴产业创新效率与人力资本关联度评价

8年间的年均创新效率分别为0.826、0.765，始终处在全国平均水平之上。天津市的年均创新效率呈现出缓慢上升趋势，而北京市的年均创新效率与河北、天津相反，表现出逐渐下降的态势。而河北在2012年之前，一直与全国平均水平与较大的差距，虽然起点较低，但是增长非常迅速，2012年与全国水平基本持平，2015年创新效率已经超过了全国平均水平。一方面，这反映出河北省医药制造业近年来研发投入强度在加大，企业创新主体得以明确，创新意识不断增强，创新环境持续改善；另一方面，这可能与京津冀协同发展战略下北京产业、技术、人员及资金向河北转移的大背景有关。河北各地为切实抓住这一历史机遇，积极构建平台，为承接产业转移提前做好各项准备工作。这种情况在医药制造业的技术创新过程中得到了集中体现。

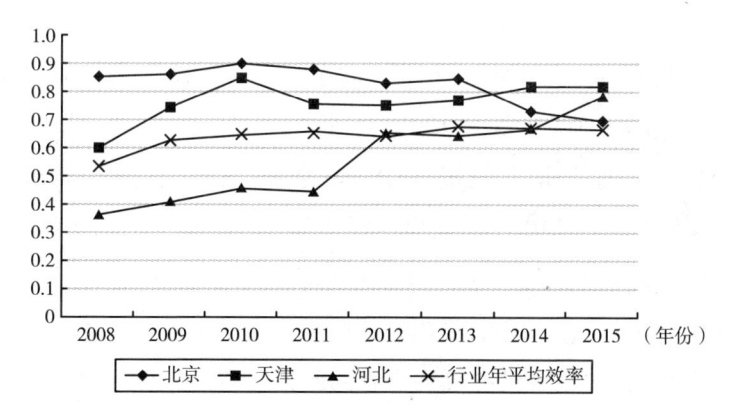

图4-2 京津冀医药制造业的创新效率
（以新产品销售收入为变量）

资料来源：根据《中国高技术产业统计年鉴》计算得出。

（5）影响创新效率的因素分析。从创新效率的影响因素来看，δ_1、δ_2、δ_4通过了显著性检验。其中，δ_1为负，表明产业研发活动情况对创新产出具有明显的正向影响。作为创新主体的企业主动开展研发活动，是提高创新效率的基础。医药制造业作为我国高新技术

人力资本对京津冀战略性新兴产业创新绩效贡献研究

主要产业之一，研发活动非常集中，研发企业数量不断增长，在企业总数中所占比重不断提高。创新效率最高的江苏省，2011~2015年间有研发活动的企业占企业总数的比重为47.6%，即近一半的企业开展了研发活动。而创新效率最低的甘肃，2008~2015年的8年间有研发活动的企业所占比重仅为23.4%。两相对比，也显示出创新效率高的省区市，开展研发活动的企业所占比重也多，即"双高"特征；而创新效率低的省区市，开展研发活动的企业所占比重也相对较低，即"双低"特征。这也反映出产业研发活动情况对创新效率的正向影响。

δ_2为正，表明产业利润对创新产出具有明显的负向影响。一般而言，产业越能够盈利，越有能力进行研发活动。但是医药制造业的情况有些特殊。2015年，全球四大会计师事务所之一的德勤会计师事务所发布的一项调查表示，制药行业研发投入回报过低，已经不足以维持企业对产品线的投资。这项名为《2015制药行业研发创新回报评估》的调查显示，2015年全球前12大药企的研发回报率跌至4.2%，连2010年回报率10.2%的一半都不到。而药物研发的成本越来越高，2010年平均研发投入为118亿美元，而2015年已经飙升到158亿美元；然而平均销售峰值却从8.16亿美元降到了4.16亿美元。德勤的报告指出，这些数字表示出投入如此之多的生物科学领域的研究并没有收到应有的回报。该报告显示无论是巨头还是中小型药企，在药物研发上都面临相同的挑战。

2015年中国药品生产企业平均研发投入占销售收入的比例只有2%，国际上这个比例平均为8%。除了少数企业，大多数国内药企不愿意拿出更多的资金用于创新研发。不少以研发投入大著称的药企都表示，远期的企业目标肯定是以创新为主，但在现阶段，还需要以仿制为主，企业利润也主要来自于此。因此，割裂利润与研发活动之间的关系，造成了利润与研发活动之间负向影响。

第4章　基于 SFA 模型的京津冀战略性新兴产业创新效率与人力资本关联度评价

δ_4 为负，表明产业规模对创新产出有着显著的正向影响，即从业人员越多，越有利于技术开发。年均从业人员越多，就越有可能聚集核心关键技术人才，从而有利于进行科技创新。此外，当聚集群体内的科技型人才达到一定的数量规模后，就会产生科技型人才聚集效应，而科技创新成果又是科技型人才聚集效应的外在表现形式之一。这与肖仁桥、戴魁早等学者的研究成果是一致的。

δ_3 没有通过显著性检验。δ_3 为负，表明政府支持对创新产出有着不明显的正向影响，即政府资助研发活动的经费越多，企业的研发积极性越高，越有利于技术研发。政府的直接资金支持弥补了企业创新资助的不足，降低了企业创新的风险，从而激励企业进行更大的研发投入，即对企业研发产生"激励效应"。相关的经验研究中，恰尔尼茨基和胡辛格（Czarnitzki & Hussinger, 2004）、盖莱克和彼特尔斯伯格（Guellec & Pottelsberghe, 2000）、朱平芳和徐伟民（2003）及白俊红（2011）等的研究发现政府研发资助对企业研发创新具有"激励效应"。

4.3.2.2　以专利申请数为产出变量的实证分析结果

如前所述，生产函数主要有柯布—道格拉斯生产函数和超越生产函数两种形式。生产函数的形式不能随便确定，而应根据客观的统计检验来决定选择使用哪种生产函数。

以医药制造业的专利申请数为产出，运用软件 FRONTIER4.1，超越生产函数的估算结果如表4－5所示。

表4－5　　　　　　　超越生产函数的估计结果

（以医药制造业的专利申数为变量）

变量	系数	标准差	t - 检验值
β_0	0.511	2.071	0.247
β_1	－0.175	0.827	－0.211

续表

变量	系数	标准差	t-检验值
β_2	0.507	0.536	0.946
β_3	0.209	0.249	0.838
β_4	0.063	0.078	0.805
β_5	-0.099	0.133	-0.744
σ^2	0.325	0.066	4.908
γ	0.349	0.085	4.103
η	0.068	0.022	3.116

由表 4-5 可知，β_1、β_2、β_3、β_4、β_5 参数的 t 值均很小，未通过 t 检验，这已在一定程度上表明本问题选用超越生产函数不恰当。下面做进一步统计检验：

$H_0: \beta_3 = \beta_4 = \beta_5 = 0$，$H_1: \beta_3, \beta_4, \beta_5$ 不全为 0

$LR = -2[\text{Ln}L(H_0) - \text{Ln}L(H_1)] = 0.158$，而 LR 近似服从自由度为 3 的 χ^2 分布，而 $\chi^2_{0.05}(3) = 7.815$，故不能拒绝原假设。因此根据上述参数估计和统计检验结果表明，本问题不宜选用超越生产函数，而应该采用柯布—道格拉斯生产函数的随机前沿模型。

具体的柯布—道格拉斯生产函数形式的随机前沿模型详见"4.2.1 研究模型"，此略。

根据式（4-4）、式（4-6），得到表 4-6 中待估计参数的估计值及其相关检验结果，同时表 4-7 给出了基于专利申请数的中国医药制造产业 2008~2015 年的创新效率水平估计结果。

表 4-6　　　　随机前沿生产函数估计的参数结果

（以医药制造业专利申请数为变量）

变量	系数	标准差	t-检验值
β_0	0.327	0.855	0.383
β_1	0.205*	0.121	1.688
β_2	0.384***	0.081	4.721

第4章 基于 SFA 模型的京津冀战略性新兴产业创新效率与人力资本关联度评价

续表

变量	系数	标准差	t-检验值
δ_0	7.784***	1.766	4.407
δ_1	-0.862***	0.236	-3.649
δ_2	-0.019	0.025	-0.751
δ_3	-0.119	0.110	-1.087
δ_4	-0.856***	0.227	-3.767
σ^2	0.509***	0.134	3.794
γ	0.638***	0.102	6.268
η	0.061***	0.024	2.597
对数似然函数值	-184.077	样本数	224
单边 LR 检验	60.742	创新平均效率	0.629

注：*、**、*** 分别代表在 10%、5%、1% 显著水平下具有统计显著性。LR 为似然比检验统计量，此处它服从混合卡方分布（mixed chi-squared distribution）。

表 4-7　中国医药制造业创新效率（以专利申请数为变量）

地区	2008年	2009年	2010年	2011年	2012年	2013年	2014年	2015年	平均效率
天津	0.848	0.888	0.853	0.888	0.884	0.894	0.892	0.800	**0.868**
江苏	0.566	0.825	0.699	0.865	0.876	0.886	0.899	0.892	**0.814**
山东	0.725	0.792	0.686	0.819	0.861	0.873	0.879	0.868	**0.813**
广东	0.702	0.848	0.609	0.823	0.865	0.867	0.886	0.873	**0.809**
浙江	0.512	0.831	0.663	0.836	0.862	0.874	0.866	0.884	**0.791**
河南	0.626	0.799	0.691	0.809	0.827	0.823	0.831	0.806	**0.777**
湖南	0.332	0.787	0.585	0.849	0.864	0.856	0.871	0.871	**0.752**
安徽	0.236	0.812	0.731	0.822	0.838	0.845	0.854	0.827	**0.746**
湖北	0.497	0.723	0.593	0.735	0.813	0.823	0.822	0.795	**0.725**
重庆	0.354	0.756	0.611	0.808	0.772	0.858	0.777	0.810	**0.718**
四川	0.335	0.660	0.537	0.792	0.895	0.830	0.784	0.895	**0.716**
吉林	0.500	0.682	0.423	0.714	0.800	0.841	0.826	0.707	**0.687**
北京	0.393	0.715	0.477	0.782	0.753	0.776	0.768	0.752	**0.677**
上海	0.309	0.711	0.416	0.732	0.779	0.784	0.816	0.745	**0.662**
贵州	0.376	0.750	0.464	0.653	0.731	0.711	0.838	0.615	**0.642**

续表

地区	2008年	2009年	2010年	2011年	2012年	2013年	2014年	2015年	平均效率
江西	0.341	0.687	0.437	0.650	0.711	0.721	0.809	0.780	**0.642**
黑龙江	0.463	0.623	0.265	0.739	0.761	0.658	0.755	0.709	0.622
云南	0.331	0.747	0.336	0.665	0.745	0.741	0.734	0.662	0.620
河北	0.539	0.633	0.442	0.644	0.604	0.617	0.675	0.678	0.604
辽宁	0.253	0.701	0.435	0.671	0.686	0.723	0.713	0.627	0.601
海南	0.173	0.340	0.337	0.736	0.746	0.748	0.759	0.650	0.561
广西	0.489	0.565	0.361	0.525	0.595	0.646	0.586	0.487	0.532
福建	0.192	0.443	0.274	0.416	0.636	0.649	0.694	0.713	0.502
陕西	0.190	0.458	0.184	0.598	0.625	0.674	0.602	0.450	0.473
山西	0.692	0.448	0.332	0.519	0.379	0.517	0.410	0.452	0.469
内蒙古	0.024	0.499	0.173	0.406	0.268	0.323	0.279	0.299	0.284
甘肃	0.183	0.221	0.090	0.141	0.298	0.419	0.456	0.385	0.274
宁夏	0.129	0.265	0.084	0.324	0.348	0.367	0.220	0.222	0.245
平均效率	0.404	0.650	0.457	0.677	0.708	0.727	0.725	0.688	0.629

注：表中最后一列平均效率中黑体字表示大于平均值的数。
资料来源：根据《中国高技术产业统计年鉴》计算得出。

从表4-6可知，$\gamma = 0.638$，且在1%显著水平下具有统计显著性，说明式（4-4）中的误差项有着十分明显的复合结构，即研发投入在生产过程存在着显著的效率损失，因此使用SFA技术对2008~2015年间的产业数据进行估计是完全有必要的。

式（4-4）和式（4-6）模型的实证结果如下。

（1）科技人员和研发经费的投入产出弹性。β_1、β_2均通过了显著性检验。其中：$\beta_1 = 0.205$，表示研发人员投入每增加1%，会带来创新产出（专利申请数）增长0.205%；$\beta_2 = 0.384$，表示研发经费投入每增长1%，使创新产出（专利申请数）增长0.384%。这反映出在人员和资本要素的投入中，专利申请数量对于研发经费投入的变化更敏感，人员在创新产出中的贡献程度要小于资本。这与前文的研究结论一致，说明我国医药制造业创新产出的增加主要是

第4章 基于SFA模型的京津冀战略性新兴产业创新效率与人力资本关联度评价

科研经费拉动的。原因可能与上文以新产品销售收入为产出的分析基本一致,与科技人员质量不够高、缺乏关键技术人才以及人员与其他资源如资本不配套等问题有关。因此,对于我国医药制造行业来说,要提高创新产出,一方面要持续不断增加研发经费投入,另一方面要从技术人才上重点着手,在大量引进专业技术人员、提高其科研积极性的同时,更应该注重对于核心关键领军型技术人才的吸纳。

此外,通过 β_1 和 β_2 之和可以判断该行业规模报酬情况:β_1 和 β_2 之和小于1,表明我国医药制造产业处于规模报酬递减阶段。这与我国医药企业数量众多但规模相对较小,企业研发投入较少等特点密切相关。$\eta = 0.061 > 0$,这表明我国医药制造业的无效率将随着时间的推移而加速下降,即技术创新效率呈上升趋势。

(2) 不同地区的技术创新效率差异。从各省区市历年创新效率来看(见表4-7),2008~2015年,天津、江苏、山东、广东4省市的创新效率处于高值区域,8年间创新效率均值在0.8以上;内蒙古、甘肃、宁夏3省区创新效率较低,8年间平均创新效率不足0.3。天津市的创新效率最高,达到0.868;宁夏的创新效率最低,仅为0.245。宁夏与天津相差0.624,仅相当于天津的28%。上述创新效率较高的省区市全部都处于东部沿海经济发达地区,而创新效率较低的省区都位于内陆,经济相对落后地区。这表明我国医药制造业区域发展不平衡,与前文的结果类似。有12个省区的年均创新效率在整体平均效率以下,占全部28个省级区域的42.8%,即我国医药制造业约2/5省区的创新效率处于平均水平以下。这反映出我国医药制造业的创新效率整体而言仍然处于较低层次,有很大的上升空间。

比较两种方式计算的创新效率,有17个省区市以专利申请数为产出指标的创新效率普遍低于以新产品销售收入为产出指标的创新效率，尤其对于宁夏、吉林等内陆地区更是差距较大。以两种方式计算的创新效率，除了江苏、山东、甘肃3省外，排名靠前的省区市与排名靠后的省区市基本没有重复。这表明我国医药制造业技术开发工作已经严重滞后于技术成果市场化工作，尤其对于中西部地区，如宁夏等省区，技术市场发育程度不够完善，科研成果转化效率低。更深层次地反映出我国企业受自身实力限制，自主创新能力较弱，以仿制为主；此外，企业知识产权保护意识不强，不重视专利申请，急功近利的短视思想严重。这种情况已经比较严重了，已经极大地影响到了产业的可持续发展能力，如宁夏、广西、吉林等省区。

江苏、山东两省研发的转化效率较高，一方面可能是经济较为发达，存在大量的效率更高的小公司，与大型药企形成有力的外部合作，成为研发的核心推动力量；另一方面是企业的科研、管理和商业化能力较强，这才有可能从整体上应对复杂的研发局面，成功地把药物引进市场。甘肃的情况正好相反，技术开发及市场化的效率都比较低。

（3）医药制造业技术创新效率变动的趋势。从医药制造业创新效率的动态发展来看，2008年至今，中国医药制造业创新效率一直在稳定增长，基本稳定在0.6以上，这与前文的结论一致。这基本上是受国内市场旺盛的需求拉动，跨国药企研发外包与转移生产以及国家医改政策等因素的影响。此外，国家积极推动医药产业创新升级，增强药企自主创新实力，鼓励产品创新，实现药品研发由仿制向创制升级。这些措施自然推动了以专利申请及授权为代表的基础性创新产出的增长（见图4-3）。

（4）京津冀医药制造业技术创新效率的比较。2008~2015年，河北省8年间平均创新效率为0.604，低于全国平均水平0.629，排在倒数第10位，处于较低层次，与全国其他创新效率较高的省区如天津、江苏、山东等差距明显。近年来医药产业呈现了持续高速发

第4章 基于SFA模型的京津冀战略性新兴产业创新效率与人力资本关联度评价

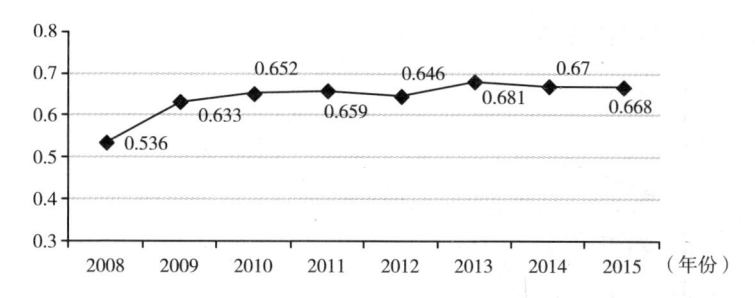

图4-3 中国医药制造业平均创新效率（以专利申请数为变量）

资料来源：根据《中国高技术产业统计年鉴》计算得出。

展的态势，这期间，全国及河北省周边部分地区医药产业发展势头迅猛。作为河北省主导产业的医药制造业发展速度比较快，仅比全国平均水平略低。但是，与其他医药强省市如天津、江苏、山东等相比，河北省医药制造业相对效率较低，这可能与关键技术人才缺乏、科技人员积极性不足及创新环境待改善等因素有关。此外，研发资金投入强度相对不足，与人员投入不匹配，这也会影响到创新效率。从创新投入来看，河北医药制造业的研究人员从2008年的5532人，增加到2015年的7759人，年均增长速度为4.95%；研发经费内部支出从2008年的33473万元，增加到2015年的192763万元，年均增长速度为28.4%。虽然增速较快，但是研发经费占主营业务收入的比重仅为2%，国际上这一比例平均为8%。从创新产出来看，新产品销售收入从2008年的265463万元，增长到2015年的1940803万元，年均增长速度为32.8%；专利申请数量从2008年的202项，增加到2015年的375项，年均增长速度为9.2%。从上述创新产出的年均增速可知，河北省医药制造业的技术成果市场化的情况要好于技术开发。图4-4也反映出这种情况，在2012年之前，河北省医药制造业基于专利计算的创新效率要高于基于新产品销售收入计算的创新效率；此后，随着技术市场的成熟，科研成果市场化的效率显著提升，基于新产品销售收入计算的创新效率反而高于基于专利的创新效率。

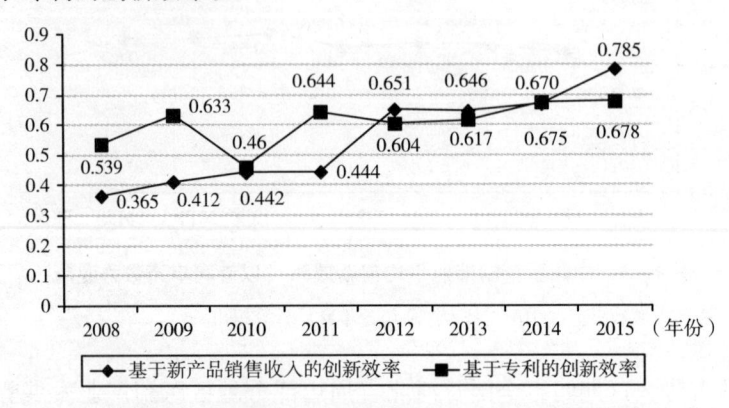

图 4-4 河北省医药制造业两种产出计算的创新效率

资料来源：根据《中国高技术产业统计年鉴》计算得出。

此外，由图 4-4 可知，从 2008~2015 年，河北省医药制造业基于专利的创新效率在波动中不断上升。2011 年之前，创新效率呈现较大的波动情况，有升有降，并不稳定；从 2012 年开始，逐渐稳步上升，但是上升的速度要低于基于新产品销售收入计算的创新效率。

对于产生上述结果的原因还需要在影响因素中进一步深入分析。

由表 4-7 可知，京津冀三省市相比，北京、天津医药制造业这 8 年间的年均创新效率分别为 0.677、0.868，始终处在全国平均水平之上。图 4-5 显示，天津从 2008 年至 2015 年基于专利申请量的创新效率非常高，一直在 0.8 之上，且比较稳定；北京、河北 8 年间创新效率变动情况基本相同，2011 年之前波动明显，起伏不定；从 2012 年开始稳步上升。区别在于河北基本处于全国平均水平之下，而北京则处于全国平均水平之上。河北省医药制造业的创新效率，虽然低于全国平均水平，但是与之差距并不大。此外，经过 8 年的时间，河北省创新效率与北京、天津的差距在逐渐缩小，由 2008 年相差 0.309，缩小到 2015 年相差仅为 0.122。

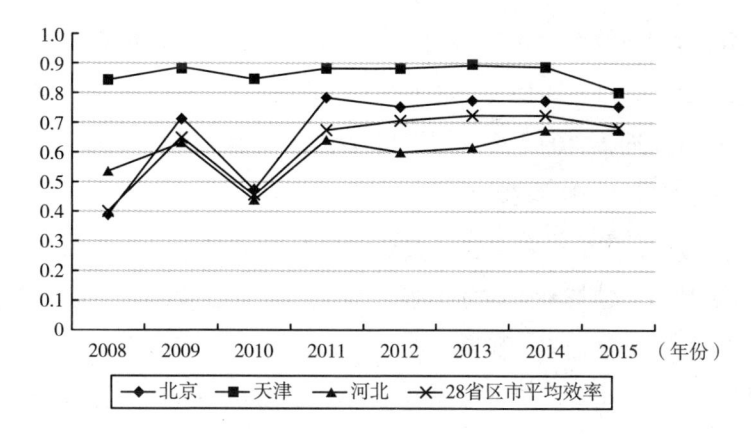

第4章　基于SFA模型的京津冀战略性新兴产业创新效率与人力资本关联度评价

图4-5　京津冀医药制造业创新效率（以专利申请数为变量）

资料来源：根据《中国高技术产业统计年鉴》计算得出。

之所以会出现上述情况，原因可能在于河北省近年来研发投入不断加大，尤其是研发经费增长速度较高。北京年均增速为32%，天津为24.9%，而河北为28.4%。但是在研发人员增长情况方面，河北与北京、天津相差较大。北京的年均增速为13.6%，天津为9.8%，而河北不足5%。这可能是由于京津的"虹吸效应"，使技术人才，尤其是高端人才，从河北聚集到北京和天津。当然，京津冀协同发展战略提出后，北京、天津的科技项目、技术、人员及资金开始向河北转移。河北应抓住这一历史机遇，通过项目引进，构建产业转移平台，积极促进河北省医药制造业创新能力的提升。

（5）影响创新效率的因素分析。从创新效率的影响因素来看，δ_1、δ_4通过了显著性检验。其中，δ_1为负，表明产业研发活动情况对创新产出具有明显的正向影响，这与前文基于新产品销售收入创新效率的影响因素分析结果一致。企业作为创新主体，调动资源开展研发活动，同时加强管理，为提升创新效率奠定了资源及管理基础。创新效率高的省区市，开展研发活动的企业所占比重也多，即"双高"特征；而创新效率低的省区市，开展研发活动的企业所占比重也相对较低，即"双低"特征。这从经验上反映出产业研发活动情况对创新效率的正向影响。以天津与宁夏为例，创新效率最高的天津市，2011~2015年间有研发活动的企业占企业总数的比重为63.6%，即近2/3的企业开展了研发活动。而创新效率最低的宁夏，有研发活动的企业所占比重不足50%。

δ_4为负，表明产业规模对创新产出有着显著的正向影响，即从业人员越多，越有利于技术开发。规模越大的企业越容易发挥规模经济效应，具体而言，聚集大量的各种人才，实现信息、智力等资源的共享，产生学习效应，从而激发知识创新。从业人员越多，就越有可能吸引到核心关键技术人才，从而促进专利申请及授权活动。这与前文以新产品销售收入为产出指标的实证结论比较一致。

δ_2、δ_3没有通过显著性检验。δ_2为负，表明产业利润对创新产出具有不明显的正向影响。这说明产业利润越多，产业越有能力进行大量的研发创新，毕竟现代意义上的创新多是大学制度和试验室制度的产物，需要大量的研发经费支撑，利润较低的行业用于研发的财力显然是不足的，从而很难更多的催生出创新。这与前文以新产品销售收入为产出指标的实证结论不一致。

技术创新活动一般由知识创新和科技成果商业化两阶段构成。第一阶段为大学、科研院所以及企业开展的知识创新过程，它是科技创新资源向技术成果转化的转换环节，该阶段的运行与研究、开发、测试以及"干中学"等活动密切相关；第二阶段则是以企业为主导的科技成果商业化过程，它是科技成果向经济效益转化的重要过程，该阶段的运行与营销、商业策划以及制造等经济活动有关。因此，技术创新效率也包括知识创新效率和科技成果商业化效率两个部分。第一阶段的知识创新效率体现高技术产业利用创新资源实现和提升技术创新的水平。第二阶段的科技成果商业化效率主要反映高技术产业技术创新成果的社会转化能力，同时检验技术成果本身的应用价值和市场导向，从而与技术创新使命吻合。之所以会出

第4章 基于SFA模型的京津冀战略性新兴产业创新效率与人力资本关联度评价

现产业利润对以新产品销售收入为产出指标计算的创新效率与以专利申请数为产出计算的创新效率影响方向相反的结果，可能是由于专利申请数量主要反映企业知识创新的结果，而新产品销售收入是科研成果市场化的结果。新产品顺利推向市场并成功销售受更多企业自身难以控制因素的影响，如经济形势、通货膨胀等，因此利润与新产品销售收入之间的关系较其与专利之间的关系更为复杂多变。

δ_3为负，表明政府支持对创新产出具有不明显的正向影响，与前文以新产品销售收入为产出指标的实证结论比较一致。政府通过直接资助研发活动，产生了一定的"激励效应"，即弥补了企业创新资金的不足，分担了企业创新的风险，激励企业积极进行研发投入。

4.3.2.3 小结

本部分运用随机前沿分析方法，研究了中国28个省区市医药制造行业的技术创新效率，重点对河北省及北京、天津医药制造行业创新效率进行了比较分析，并探讨了影响创新效率的因素。结论如下：

（1）以新产品销售收入为产出指标计算创新效率时，在人员和资本要素的投入中，相对于研发人员，研发费用的投入对于创新产出的影响更大。以专利申请数为产出指标计算创新效率时，研究结论与前者一致，研发经费投入的贡献率高于研发人员投入的贡献率。因此，中国医药制造业创新产出的增加主要是科研经费拉动的。

同时，研发投入的弹性系数（β_1和β_2之和）小于1，说明我国医药制造业的研发活动缺乏规模经济性。因此，要提高创新产出，需要做好以下两项工作：一是通过吸引高端技术人才，改善科研工作体制，营造良好科研环境，提高科技人员的科研积极性和创造性；二是要加大研发资金的投入，使之与人员投入相匹配。

(2) 中国医药制造业创新效率存在明显地区域差异。以新产品销售收入为产出指标计算创新效率时,江苏、山东、湖北、浙江、北京、湖南、重庆、吉林8省市的技术创新效率处于高值区域,内蒙古、海南、黑龙江、甘肃4省区技术创新效率较低。以专利申请数为产出指标计算创新效率时,天津、江苏、山东、广东4省市创新效率较高,内蒙古、甘肃、宁夏3省区创新效率较低。河北省也低于全国平均水平,这与各省区市的综合经济实力强弱有密切关系。为了消除与其他医药强省创新效率的差异,河北省要结合自身的区位优势,加快区域经济发展,增加研发投入;更重要的是要抓住京津冀协同发展这一重大历史机遇期,通过承接京津医药产业转移和医药科技成果转化,推动医药产业快速高质发展。

(3) 以专利申请数为产出指标的创新效率普遍低于以新产品销售收入为产出指标的创新效率,这显示出:相对于技术成果市场化工作,我国医药制造业技术开发工作严重滞后,尤其对于中西部地区如宁夏、广西等更是如此。进一步分析表明,我国医药企业自身实力相对较弱,自主创新能力较差,多以仿制为生;企业受制于急功近利的短视思想,研发投入不足,专利工作相对落后。这种情况已经极大地影响到了产业的后续良性发展。因此政府必须加大政策扶持力度,切实促进基础研发工作;企业要增强知识产权保护和专利意识,加强专利开发及管理工作,同时要提高管理水平,严格控制成本,确保足够的利润,以夯实研发投入的经济基础。

(4) 从中国医药制造业创新效率的动态发展来看,2008~2015年中国医药制造业总体创新效率稳定上升,这基本上是受国内市场旺盛的需求拉动,跨国药企研发外包与转移生产以及国家医改政策等因素的影响。此外,国家积极推动医药产业创新升级,增强自主创新实力,鼓励产品创新也发挥了巨大的作用。

(5) 以新产品销售收入为产出指标计算的创新效率,河北省

第4章 基于 SFA 模型的京津冀战略性新兴产业创新效率与人力资本关联度评价

2008~2015 年平均创新效率为 0.554，排在第 22 位；以专利申请数为产出指标计算的创新效率，河北省这 8 年平均创新效率为 0.604，排在第 19 位。无论是哪种方式计算出的结果，都显示河北省医药制造业的创新效率相对较低，与全国其他先进省区差距明显，仅比一些个别的边疆省区高。这表明河北省经济总量较高，但是相对效率较低，长此以往，必然会影响到医药产业的良性发展。因此，找出影响河北省医药制造业创新效率低下的原因，有针对性地花大力气去解决，提升创新效率，是我们下一步工作的重中之重。

此外，在 2012 年之前，河北省医药制造业以专利申请数为产出指标计算的创新效率要高于以新产品销售收入为产出指标计算的创新效率；此后，随着技术市场的逐渐完善，科研成果市场化的效率显著提升，基于新产品销售收入计算的创新效率反而高于基于专利的创新效率。两者之间差距在缓慢缩小。这表明后期河北省技术开发滞后于技术成果市场化工作。这可能是由于河北省产业规模偏小，产业集群优势不强，创新能力薄弱等因素导致。因此，河北省应加大政府政策扶持力度，积极发展完善市场体系；吸引、培养核心技术人才，加大研发费用投入；推动产业集群发展，发挥产业聚集效应。

（6）京津冀三省市相比，北京、天津医药制造业 8 年间的年均创新效率始终处在全国平均水平之上，而河北省始终处于全国平均水平之下。河北虽然起点较低，但是增长非常迅速，与北京、天津的差距在逐渐缩小。原因可能在于首先河北省近年来研发投入不断加大，尤其是研发经费增长速度较高。其次，由于京津的"虹吸效应"，使技术人才，尤其是高端人才，从河北聚集到北京和天津。最后，京津冀协同发展战略提出后，北京、天津的科技项目、技术、人员及资金开始向河北转移。为抓住这一历史机遇，河北省积极构建平台，做好承接产业转移的工作。在这个过程中，河北省医药制造业的研发活动也得到了促进。

（7）从创新效率的影响因素来看，无论是以新产品销售收入为产出指标计算的创新效率，还是以专利申请数为产出指标计算的创新效率，产业研发活动情况、产业规模对创新产出具有明显的正向影响，这与其他学者的分析结果基本一致。政府支持主要发挥了"激励效应"，对创新产出具有不明显的正向影响，这与部分学者的研究结果基本一致。

以新产品销售收入为产出指标计算的创新效率，产业利润对创新产出具有明显的负向影响；而以专利申请数为产出指标计算的创新效率，产业利润对创新产出具有不明显的正向影响。二者的研究结论不一致。这可能是由于专利申请数量主要反映企业知识创新的结果，而新产品销售收入是科研成果市场化的结果，二者分别属于技术创新的知识创新阶段和科技成果商业化阶段。新产品顺利推向市场并成功销售受更多企业自身难以控制因素的影响，如经济形势、通货膨胀等，因此利润与新产品销售收入之间的关系较其与专利之间的关系更为复杂多变。对于这一问题以后还需要继续深入探讨。

4.3.3 航空、航天器及设备制造业

航空、航天器及设备制造业是融合多学科先进技术及边缘技术创新成果的先进制造业，属于制造业中的高端装备制造。航空、航天器及设备制造业需要采用当代先进科学技术成果，是反映一个国家科学技术和工业发展水平的行业。航空、航天器及设备制造业也是高度精密的综合性行业。航空航天产品的技术指标高，研制周期较长，零、部件种类繁多，需要有完备的试验设施、完善的技术保障措施、科学的管理方法，因此，航空、航天器及设备制造业也是系统工程和现代管理工程实践最多的工业部门。

第4章 基于SFA模型的京津冀战略性新兴产业创新效率与人力资本关联度评价

六十多年来，中国航空航天制造业经历了从无到有，从修理、仿制到自行研制的发展历程，目前已形成"以飞机、直升机为龙头，航空发动机、机载系统和航空武器配套齐全，技术基础较完备，军民结合、相对完整、具有较强实力的高科技工业体系"。2012年7月，国务院发布"十二五"国家战略性新兴产业发展规划，航空工业被列入七大战略性新兴产业中的高端装备制造业，得以大力发展。近年来，国家及地方出台了一系列相关政策支持鼓励航空航天产业，分别从统筹部署、税收激励、人才培养、经费保证、基础设施保障等方面做出了政策指导和制度安排，构建了具有中国特色的航空、航天器及设备制造业。

航空、航天器及设备制造业（以下简称航空设备制造业）的研究对象包括：北京、天津、河北、辽宁、黑龙江、上海、江苏、浙江、安徽、江西、山东、河南、湖北、湖南、广东、四川、贵州、陕西18个省级区域。其余省区市的数据缺失严重，分析中暂不涉及。

航空设备制造业相关变量的描述统计量如表4-8所示。

表4-8　　变量描述性特征（航空设备制造业）

项　目	极小值	极大值	均值	均值标准误	标准差
新产品销售收入（万元）	242.00	3498045.00	391103.29	47606.92	571283.07
专利申请数（项）	0	862.00	186.13	16.06	192.76
研发人员（人）	7.00	15860.00	2591.94	257.97	3095.61
研发经费内部支出（万元）	85.00	434733.00	74918.38	8165.45	97985.44
有研发活动的企业数与企业总数的比例	0	1.00	0.53	0.03	0.34
利润总额（亿元）	-3.50	52.60	6.54	0.68	8.16
政府资金占研发经费内部支出的比例	0	1.00	0.36	0.04	0.44
从业人员年平均数（人）	363.00	106980.00	18578.45	1753.26	21039.15

资料来源：根据《中国高技术产业统计年鉴》计算得出。

4.3.3.1 以新产品销售收入为产出变量的实证分析结果

如前所述,生产函数主要有柯布—道格拉斯生产函数和超越生产函数两种形式。生产函数的形式不能随便确定,而应根据客观的统计检验来决定选择使用哪种生产函数。

以航空设备制造业的新产品销售收入为产出指标,运用软件FRONTIER4.1,超越生产函数的估算结果如表4-9所示。

表4-9　　　　　　　　超越生产函数的估计结果

(以航空设备制造业的新产品销售收入为变量)

变量	系数	标准差	t-检验值
β_0	0.204	2.341	0.087
β_1	0.383	0.869	0.441
β_2	1.471	0.975	1.508
β_3	0.625*	0.371	1.686
β_4	0.207	0.185	1.120
β_5	-0.437*	0.244	-1.791
σ^2	1.177***	0.343	3.435
γ	0.309	0.190	1.626
η	0.142***	0.041	3.466

注:*、***分别代表在10%、1%显著水平下具有统计显著性。

由表4-9可知,β_1、β_2、β_4参数的t值均很小,未通过t检验,只有β_3和β_5参数通过10%显著水平的检验,这已在一定程度上表明本问题选用超越生产函数不恰当。

下面做进一步统计检验:

$H_0: \beta_3 = \beta_4 = \beta_5 = 0$,$H_1: \beta_3, \beta_4, \beta_5$不全为0

$LR = -2[\mathrm{Ln}L(H_0) - \mathrm{Ln}L(H_1)] = 0.055$,而$LR$近似服从自由度为3的$\chi^2$分布,而$\chi^2_{0.05}(3) = 7.815$,故不能拒绝原假设。因此根据上述参数估计和统计检验结果表明,本问题不宜选用超越生产函

第4章 基于SFA模型的京津冀战略性新兴产业创新效率与人力资本关联度评价

数,而应该采用柯布—道格拉斯生产函数的随机前沿模型。

具体的柯布—道格拉斯生产函数形式的随机前沿模型详见"4.2.1研究模型",此处略。

根据式(4-3)、式(4-5),得到表4-10中待估计参数的估计值及其相关检验结果,同时表4-11给出了基于新产品销售收入的中国航空设备制造业2008~2015年的创新效率水平估计结果。

表4-10 随机前沿生产函数估计的参数结果

(以航空设备制造业的新产品销售收入为变量)

变量	系数	标准差	t-检验值
β_0	3.789***	0.842	4.498
β_1	0.377**	0.169	2.230
β_2	0.577***	0.123	4.673
δ_0	-19.871	11.656	-0.171
δ_1	-0.336***	1.433	-2.719
δ_2	-0.211**	0.100	-2.108
δ_3	0.138	0.094	1.463
δ_4	-2.937***	1.464	-2.005
σ^2	5.331**	2.672	1.995
γ	0.963***	0.161	5.998
η	0.165***	0.044	3.760
对数似然函数值	-227.558	样本数	144
单边LR检验	11.304	创新平均效率	0.51

注:*、**、***分别代表在10%、5%、1%显著水平下具有统计显著性。LR为似然比检验统计量,此处它服从混合卡方分布(mixed chi-squared distribution)。

从表4-10可知,$\gamma = 0.963$,且在1%显著水平下具有统计显著性,说明式(4-3)中的误差项有着十分明显的复合结构,即研发投入在生产过程存在着显著的效率损失,因此使用SFA技术处理数据是合理的。

式（4-3）和式（4-5）模型的实证结果如下：

（1）科技人员和研发经费的投入产出弹性。β_0、β_1、β_2 均通过了显著性检验。其中，$\beta_1 = 0.377$，表示研发人员投入每增加1%，会带来创新产出（新产品销售收入）增长0.377%。$\beta_2 = 0.577$，表示研发经费投入每增长1%，使创新产出（新产品销售收入）增长0.577%。这反映出在人员和资本要素的投入中，新产品销售收入对于研发经费投入的变化更敏感，研发经费投入比研发人员投入对于新产品销售收入的影响更大，即中国的航空设备制造业创新产出的增加主要是科研经费拉动的。这可能与研发人员质量、积极性以及人员与资本匹配等问题有关。因此，我国在增加资本投入的同时，更应注重人力资本质量的提高。

此外，通过 β_1 和 β_2 之和可以判断该行业规模报酬情况：β_1 和 β_2 之和小于1，表明我国航空设备制造产业处于规模报酬递减阶段。这与我国航空设备制造企业与国外大型公司或集团相比，规模相对较小，达不到规模经济的要求有关。$\eta = 0.165 > 0$，这表明我国航空设备制造业的无效率将随着时间的推移而加速下降，即技术创新效率呈上升趋势。

（2）不同地区的技术创新效率差异。从各省区市历年创新效率来看（见表4-11），江苏、辽宁、四川3省的创新效率处于高值区域，从2008~2015年8年间创新效率的均值在0.8以上，其中江苏的创新效率最高，达到0.869；上海、河北、广东3省市的创新效率较低，8年间创新效率的均值在0.2以下，其中广东最低，只有0.129，与创新效率最高的江苏相比，相差非常巨大，江苏是广东的6.8倍。这表明我国航空设备制造业区域发展不平衡。从区域分布来看，创新效率较高的省区市基本上处于内陆或制造业发达区域，而创新效率较低的省区多处于沿海地区。这与我国政府20世纪六七十年代的宏观决策有关。

第 4 章 基于 SFA 模型的京津冀战略性新兴产业创新效率与人力资本关联度评价

表 4-11　　中国航空、航天器及设备制造业创新效率

（以新产品销售收入为变量）

地区	2008 年	2009 年	2010 年	2011 年	2012 年	2013 年	2014 年	2015 年	平均效率
江苏	0.794	0.821	0.844	0.865	0.884	0.900	0.914	0.926	**0.869**
辽宁	0.720	0.754	0.784	0.812	0.837	0.859	0.878	0.895	**0.817**
四川	0.712	0.746	0.778	0.806	0.831	0.854	0.874	0.891	**0.812**
江西	0.632	0.673	0.711	0.746	0.778	0.807	0.833	0.855	**0.754**
浙江	0.581	0.626	0.668	0.707	0.743	0.776	0.805	0.831	**0.717**
安徽	0.434	0.486	0.538	0.587	0.634	0.677	0.717	0.753	**0.603**
北京	0.499	0.513	0.483	0.558	0.612	0.621	0.694	0.712	**0.575**
河南	0.378	0.432	0.486	0.539	0.589	0.636	0.679	0.719	**0.557**
湖南	0.368	0.422	0.477	0.530	0.581	0.628	0.673	0.713	**0.549**
陕西	0.333	0.388	0.443	0.497	0.551	0.601	0.647	0.690	**0.519**
贵州	0.319	0.374	0.430	0.485	0.538	0.589	0.637	0.681	0.507
湖北	0.259	0.314	0.370	0.427	0.483	0.538	0.589	0.637	0.452
黑龙江	0.212	0.265	0.320	0.378	0.436	0.492	0.547	0.598	0.406
天津	0.257	0.261	0.255	0.286	0.373	0.364	0.451	0.475	0.310
山东	0.110	0.151	0.199	0.253	0.310	0.369	0.428	0.486	0.288
上海	0.037	0.060	0.091	0.130	0.176	0.229	0.285	0.345	0.169
河北	0.056	0.072	0.045	0.106	0.157	0.165	0.252	0.310	0.145
广东	0.020	0.036	0.060	0.091	0.130	0.177	0.229	0.286	0.129
平均效率	0.359	0.444	0.401	0.489	0.576	0.533	0.618	0.629	0.510

注：表中最后一列平均效率中黑体字表示大于平均值的数。
资料来源：根据《中国高技术产业统计年鉴》计算得出。

有 8 个省区市的年均创新效率在整体平均效率以下，占全部 18 个省级区域的 44%，即我国航空设备制造业近一半省区市的创新效率处于较低水平。而且与其他细分行业相比，整个行业的创新效率都是比较低的。这表明我国航空设备制造业的创新效率整体而言仍然处于较低层次，上升空间很大。这与我国该行业的实际情况基本相符，由于航空工业技术壁垒极高，经过百年的发展，生存下来的世界知名集团均具有雄厚的资金规模及技术储备；我国的航空工业

布局大体上是 20 世纪六七十年代的"三线"建设所打下的基础，江苏、辽宁、四川、江西、浙江等省市是我国航空工业最密集的地区，中航工业集团和中国商飞公司是我国航空工业的主体。

但是，近年来原有的航空工业格局正在发生变化，2010 年国务院、中央军委《关于我国低空空域管理改革的意见》下发之后，国家与行业主管部门鼓励和支持通用航空发展的政策密集出台，中国通用航空产业园区的规划建设进入一个快速增长期，各地争相发展通航产业，航空产业园建设不断加快。据不完全统计，截止到 2013 年 7 月 31 日，除由国家发改委批准的 10 个国家级航空航天高科技产业基地之外，我国共有 116 个县级及以上城市已经在建或计划建设通用航空产业园区①。

各省区市都在纷纷大力发展航空设备制造业，鼓励民营、合资航空设备企业在当地发展壮大。地方政府希望增加投资拉动地方经济增长，航空设备制造业正好是中国经济转型升级中少有的可以大有作为的设备制造业之一。中国在全球通航制造业发展的大环境下，通过国家政策的扶持，在产品质量和技术水平都有长足的进步，但航空制造业规模尚小、体系也不完善，整体仍处于起步培育阶段。此外，由于我国工业基础水平有限，缺乏技术积累，航空技术与世界先进水平差距较大，因此该行业的创新产出相对较低，创新效率相对较低。而这些是关乎国家安全的非常重要的行业，可见，提高航空设备制造业的创新能力仍然任重道远。

（3）航空设备制造业技术创新效率变动的趋势。从我国航空设备制造业创新效率的动态发展来看（见图 4-6），2008～2015 年航空设备制造业总体创新效率与其他行业相比虽然较低，但一直在波动中持续上升。这可能与我国军用及民用航空市场迅速扩大和国家

---

① 金伟. 通用航空业"低空"起飞 [J]. 中国经济和信息化, 2014 (11): 61-63.

第4章 基于SFA模型的京津冀战略性新兴产业创新效率与人力资本关联度评价

扶持政策等因素有关。相对而言，国内民航业需求受2008年经济危机影响并不严重，2009年以来，在国家陆续采取一系列经济政策的刺激下，经济迅速回暖，民航客座率和载运率又开始上升。中国已经成为世界上机场数目增长最快的国家，航空运输量也位居世界第二。同时，我国进入战略摩擦高发期，这一现实情况带动了军用航空武器装备需求。受市场需求高速增长拉动及政府扶持政策等因素影响，我国航空设备制造业持续高速发展，自然带动了产业创新的增长。

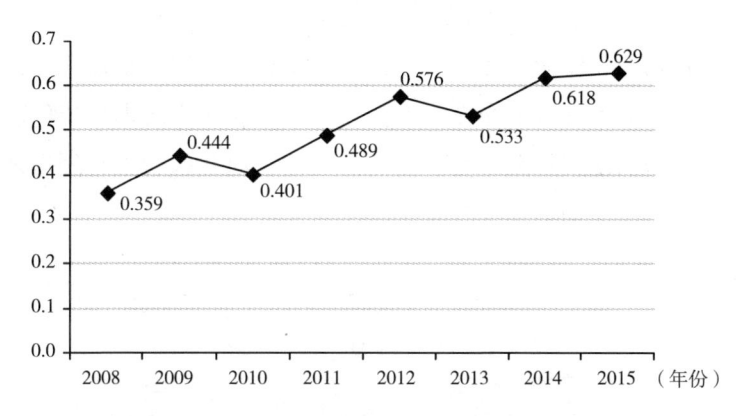

图4-6 中国航空、航天器及设备制造业创新效率
（以新产品销售收入为变量）

资料来源：根据《中国高技术产业统计年鉴》计算得出。

（4）京津冀航空设备制造业技术创新效率的比较。2008~2015年，河北省8年平均创新效率为0.145，排在倒数第2位，处于最低层次。与排名第1的江苏相比，相差非常巨大，河北省航空设备制造业创新效率仅为江苏的16.7%。此外，全国平均水平为0.510，河北省仅相当于全国行业平均值的28.4%。由此可知，河北省航空设备制造业在创新效率上与其他先进省区相比，差距很大。

受国家产业布局及自身经济实力的限制，河北省的航空设备制造业一直不是产业发展的重点。随着航空市场需求的迅猛发展，河

人力资本对京津冀战略性新兴产业创新绩效贡献研究

北省也开始重视发展该行业。通过与航天科工、中航工业等集团合作建立产业基地、生产配套产品，河北省航空设备制造企业的航空航天科技成果有了转化的基地。但是毕竟起步时间晚、起点低，产业基本处于早期成长阶段。这与我们计算的创新效率结果基本相符。

由表4-11和图4-7可知，2008~2015年，京津冀三省市航空设备制造业创新效率分析如下：北京航空设备制造业这8年间平均创新效率为0.575，每年的创新效率都在全国平均水平之上。天津航空设备制造业这8年间平均创新效率为0.310，每年的创新效率都在全国平均水平之下，且与平均水平差距较大；河北的情况与天津非常相似，作为非优势产业，河北8年间平均创新效率比天津更低，与全国平均水平存在很大的差距。京津冀三省市的年创新效率随着时间的演进逐渐上升，尤其是天津、河北两省市在缓慢加速上升，它们与全国平均水平的差距在逐渐缩小。

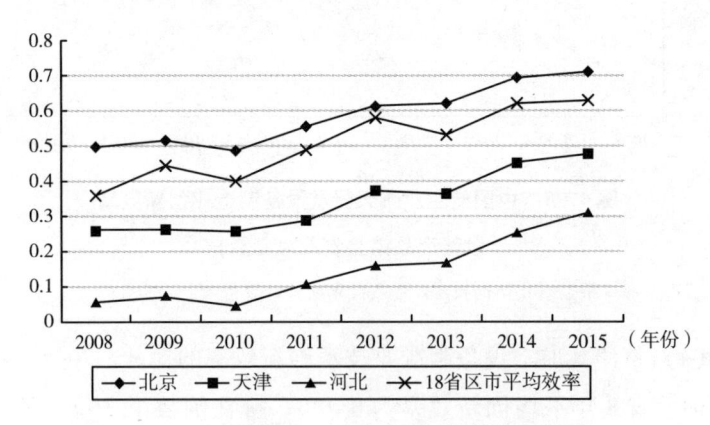

图4-7 京津冀航空、航天器及设备制造业创新效率
（以新产品销售收入为变量）

资料来源：根据《中国高技术产业统计年鉴》计算得出。

这反映出河北省航空设备制造业近年来坚持创新驱动战略，不断加大创新投入，努力增强自主创新能力，创新环境持续改善。此外，这也与京津冀协同发展战略下北京与天津产业、技术、人员及

第4章　基于SFA模型的京津冀战略性新兴产业创新效率与人力资本关联度评价

资金向河北转移的大背景有关。对比三省市2008~2015年的研发经费增长情况，北京年均增速为16.9%，天津为20.1%，河北为39.8%。在研发人员增长方面，河北与北京、天津相差较大。北京的年均增速为19.9%，天津为14.1%，而河北为6.9%。由于京津的"虹吸效应"，使技术人才，尤其是高端人才，从河北聚集到北京和天津。随着京津冀协同发展战略的推行，北京、天津的科技项目、技术、人员及资金开始向河北转移，这势必会促进河北省航空设备制造业的科技创新活动。

（5）影响创新效率的因素分析。从创新效率的影响因素来看，δ_1、δ_2、δ_4通过了显著性检验。其中，δ_1为负，表明产业研发活动情况对创新产出具有明显的正向影响。作为创新主体的企业主动开展研发活动，是提高创新效率的基础。作为高端设备制造之一的航空设备制造业，需要大量的研发活动以支撑企业的良性运转，因此研发企业数量不断增长，在企业总数中所占比重也不断提高。创新效率最高的江苏，2008~2015年间有研发活动的企业占企业总数的比重为40%，即2/5的企业开展了研发活动。而创新效率较低的广东，这8年间有研发活动的企业所占比重仅为35%。两相对比，显示出开展研发活动的企业数量与创新效率之间存在着密切关系。

δ_2为负，表明产业利润对创新产出具有明显的正向影响。一般而言，产业越能够盈利，越有雄厚的实力进行研发活动，毕竟现代意义上的创新离不开产学研多方合作，需要投入大量的研发经费，利润较低的行业用于研发的财力显然是不足的，从而很难更多的催生出创新。

δ_4为负，表明产业规模对创新产出有着显著的正向影响，即从业人员越多，越有利于技术开发。从业人员越多，就越有可能聚集核心关键技术人才，从而有利于进行科技创新。科技型人才聚集在某区域形成科技型人才聚集效应，在一定的情景作用下，科技型人才通过科技知识转移和技术创新，促使区域科技知识水平和技术创新水平提升。这与肖仁桥、韩晶等学者的研究成果是一致的。

δ_3 没有通过显著性检验，且为正，表明政府支持对创新产出有着不明显的负向影响。政府直接资助研发创新之所以产生负向影响，一方面可能是政府的资助挤出了私人企业的投资，另一方面也可能与政府研发资助加强了对研发资源的竞争，使得研发成本上升有关，特别是许多资助主要用于改善科研人员的福利，这必然限制了研发资助功效的充分发挥。瓦斯滕（Wallsten）、格尔克（Gorg）、施特罗布尔（Strobl）、赵付民等的研究发现政府研发资助有显著的"挤出效应"，对企业研发创新产生不利影响。

4.3.3.2 以专利申请数为产出变量的实证分析结果

如前所述，生产函数主要有柯布—道格拉斯生产函数和超越生产函数两种形式。生产函数的形式不能随便确定，而应根据客观的统计检验来决定选择使用哪种生产函数。

以航空设备制造业的专利申请数为产出指标，运用软件FRONTIER4.1，超越生产函数的估算结果如表4-12所示。

表4-12 超越生产函数的估计结果

（以航空设备制造业的专利申请数为变量）

变量	系数	标准差	t-检验值
β_0	-2.943***	0.981	-3.001
β_1	0.284	0.805	0.352
β_2	0.806	0.574	1.403
β_3	0.231	0.292	0.791
β_4	0.088	0.164	0.537
β_5	-0.174	0.203	-0.855
σ^2	0.641***	0.102	6.264
γ	0.019	0.024	0.759
η	0.225***	0.049	4.578

注：*** 代表在1%显著水平下具有统计显著性。

第4章 基于SFA模型的京津冀战略性新兴产业创新效率与人力资本关联度评价

由表4-12可知，β_1、β_2、β_3、β_4、β_5参数的t值均很小，未通过t检验，这已在一定程度上表明本问题选用超越生产函数不恰当。

下面做进一步统计检验：

H_0：$\beta_3 = \beta_4 = \beta_5 = 0$，$H_1$：$\beta_3$，$\beta_4$，$\beta_5$不全为0

$LR = -2[\text{Ln}L(H_0) - \text{Ln}L(H_1)] = 0.011$，而$LR$近似服从自由度为3的$\chi^2$分布，而$\chi^2_{0.05}(3) = 7.815$，故不能拒绝原假设。因此根据上述参数估计和统计检验结果表明，本问题不宜选用超越生产函数，而应该采用柯布—道格拉斯生产函数的随机前沿模型。

具体的柯布—道格拉斯生产函数形式的随机前沿模型详见"4.2.1研究模型"，此处略。

根据式（4-4）、式（4-6），得到表4-13中待估计参数的估计值及其相关检验结果，同时表4-14给出了基于专利申请数的中国航空设备制造业2008~2015年的创新效率水平估计结果。

表4-13　　　随机前沿生产函数估计的参数结果

（以航空设备制造业专利申请数为变量）

变量	系数	标准差	t-检验值
β_0	-1.009**	0.434	-2.324
β_1	0.202**	0.098	2.073
β_2	0.462***	0.080	5.777
δ_0	8.089	5.174	1.563
δ_1	-0.320	0.203	-1.576
δ_2	-0.563	0.369	-1.523
δ_3	-0.114*	0.062	-1.840
δ_4	-2.489	1.759	-1.416
σ^2	9.613	6.118	1.571
γ	0.968***	0.018	54.778
η	0.126	0.049	2.527
对数似然函数值	-171.959	样本数	144
单边LR检验	27.399	创新平均效率	0.409

注：*、**、***分别代表在10%、5%、1%显著水平下具有统计显著性。LR为似然比检验统计量，此处它服从混合卡方分布（mixed chi-squared distribution）。

表 4-14　　中国航空、航天器及设备制造业创新效率

（以专利申请数为变量）

地区	2008年	2009年	2010年	2011年	2012年	2013年	2014年	2015年	平均效率
河南	0.672	0.702	0.730	0.756	0.780	0.802	0.822	0.841	**0.763**
江苏	0.637	0.670	0.699	0.728	0.755	0.779	0.801	0.822	**0.736**
湖南	0.375	0.419	0.462	0.504	0.545	0.584	0.621	0.656	**0.521**
辽宁	0.299	0.343	0.387	0.432	0.475	0.518	0.559	0.598	**0.451**
四川	0.285	0.328	0.373	0.417	0.461	0.504	0.546	0.586	**0.438**
黑龙江	0.247	0.289	0.333	0.378	0.423	0.467	0.510	0.551	0.400
贵州	0.230	0.272	0.315	0.360	0.405	0.450	0.493	0.536	0.383
山东	0.224	0.266	0.309	0.354	0.399	0.444	0.488	0.529	0.377
安徽	0.217	0.258	0.301	0.346	0.391	0.436	0.479	0.523	0.369
陕西	0.216	0.257	0.300	0.345	0.389	0.435	0.479	0.522	0.368
广东	0.203	0.244	0.287	0.331	0.376	0.421	0.466	0.509	0.355
湖北	0.194	0.234	0.277	0.321	0.366	0.411	0.456	0.499	0.345
江西	0.187	0.226	0.269	0.312	0.357	0.403	0.448	0.491	0.337
上海	0.183	0.222	0.264	0.308	0.353	0.398	0.443	0.487	0.332
浙江	0.179	0.218	0.260	0.304	0.348	0.394	0.439	0.483	0.328
北京	0.173	0.253	0.212	0.296	0.341	0.352	0.412	0.436	0.321
天津	0.147	0.183	0.223	0.265	0.251	0.272	0.399	0.415	0.291
河北	0.112	0.144	0.181	0.175	0.163	0.217	0.272	0.358	0.247
平均效率	0.266	0.346	0.305	0.388	0.412	0.430	0.513	0.533	0.409

注：表中最后一列平均效率中黑体字表示大于平均值的数。

资料来源：根据《中国高技术产业统计年鉴》计算得出。

从表 4-13 可知，$\gamma = 0.968$，且在 1% 显著水平下具有统计显著性，这说明式（4-4）中的误差项有着十分明显的复合结构。因此，对样本使用 SFA 技术是完全有必要的。

式（4-4）和式（4-6）模型的实证结果如下：

（1）科技人员和研发经费的投入产出弹性。β_0、β_1、β_2 均通过了显著性检验。其中：$\beta_1 = 0.202$，表示研发人员投入每增加 1%，创新产出（专利申请数）会增长 0.202%；$\beta_2 = 0.462$，表示研发经费投入每增长 1%，使创新产出（专利申请数）增长 0.462%。这

第4章 基于SFA模型的京津冀战略性新兴产业创新效率与人力资本关联度评价

表明在人员和资本要素的投入中,研发经费投入比研发人员投入对于专利申请数量的影响更大,即中国的航空设备制造业创新产出的增加主要是科研经费拉动的。这与前文的结论比较一致。这可能与研发人员素质、积极性以及资本收益率较高等问题有关。因此,我国在增加资本投入的同时,更应注重人力资本质量的提高。要提高航空设备制造业的专利产出水平,必须加大对高素质科研人员的投入,提高科研人员的创造性。同时,要重视对科研项目的经费投入。

此外,β_1和β_2之和小于1,表明我国航空设备制造业处于规模报酬递减阶段。这与我国航空设备制造业规模较小、在国民经济中占比较低有关;同时,也与企业同国外大型公司或集团相比,规模也较小,达不到规模经济的要求有关。$\eta = 0.126 > 0$,表明我国航空设备制造业技术创新效率呈上升趋势。

(2) 不同地区的技术创新效率差异。从各省市历年创新效率来看(见表4-14),河南、江苏2省的创新效率处于高值区域,2008~2015年8年均值在0.700以上,其中河南最高,达到0.763;天津、河北2省市的创新效率较低,8年均值在0.3以下,其中河北最低,只有0.247,与创新效率最高的河南相比,相差较大,河北仅是河南的32%。这表明我国航空设备制造业区域发展很不平衡。有13个省市的年均创新效率在整体平均效率以下,占全部18个省级区域的72%,即我国航空设备制造业2/3以上省区市的创新效率处在较低水平。与其他细分行业相比,整个行业的创新效率都是比较低的。这反映出我国航空设备制造业的创新效率整体而言仍然处于较低层次,有很大的上升空间。这与前文的研究结果是一致的。

比较两种方式计算的创新效率,有13个省市以专利申请数为产出指标的创新效率普遍低于以新产品销售收入为产出指标的创新效率,尤其对于江西、浙江、四川等地区更是差距巨大。以江西为例,两种方式计算的创新效率,相差0.418,以新产品销售收入为产出指标计算的创新效率是以专利申请数计算的创新效率的 2 倍。这表明我国航空设备制造业技术开发工作已经严重滞后于技术成果市场化工作，尤其对于中西部地区，如江西、四川等省份，技术市场发育程度不够完善，科研成果转化效率低。更深层次地反映出我国航空设备制造业起点低，技术水平较低，自主创新能力较弱，以测绘、仿制、引进吸收为主；此外，企业知识产权保护意识不强，不重视专利申请，急功近利的短视思想严重。

江苏、辽宁 2 省研发的转化效率较高。一方面可能是经济较为发达，市场需求旺盛加速了技术成果的市场化；另一方面是企业的科研、管理和商业化能力较强，这才有可能从整体上应对复杂的研发局面，成功地把新产品推向市场。

（3）航空设备制造业技术创新效率变动的趋势。从我国航空设备制造业创新效率的动态发展来看（见图 4 – 8），2008 ~ 2015 年我国航空设备制造业总体创新效率与其他行业相比虽然较低，但一直在持续上升。这一方面源于我国军用及民用航空市场急剧扩大；另一方面与国家经济增长方式转变，大力推动自主创新有密切关系。

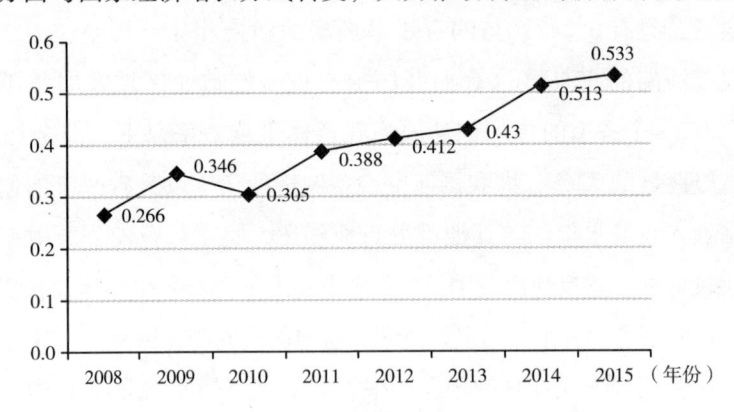

图 4 – 8　中国航空、航天器及设备制造业创新效率
（以专利申请数为变量）

资料来源：根据《中国高技术产业统计年鉴》计算得出。

第4章 基于SFA模型的京津冀战略性新兴产业创新效率与人力资本关联度评价

（4）京津冀航空设备制造业技术创新效率的比较。2008~2015年，河北省8年间平均创新效率为0.247，排在最后一位，处于最低层次。与排名第1的河南相比，相差很大，河北的创新效率仅为河南的32%。此外，全国平均效率为0.409，河北省仅相当于全国行业平均值的60%。综上可知，与其他先进省区相比，河北省航空设备制造业的创新效率较低，差距明显。这主要是由于历史原因（国家产业布局及政策导向）造成，当然由于缺少大型企业、缺乏技术储备，研发能力有限，只是作为国内少数大型集团的生产基地等因素也限制了河北省的技术创新工作。

从创新投入来看，河北省航空设备制造业的研究人员从2008年的761人，增加到2015年的1211人，增长了59%；研发经费内部支出从2008年的3329万元，增加到2015年的34826万元，增长了10倍。从创新产出来看，新产品销售收入从2008年的6383万元，增长到2015年的76111万元，年均增长速度为42.5%；专利申请数量从2008年的7项，增加到2015年的54项，年均增长速度为33.9%。由图4-9可知，河北省航空设备制造业基于专利计算的创

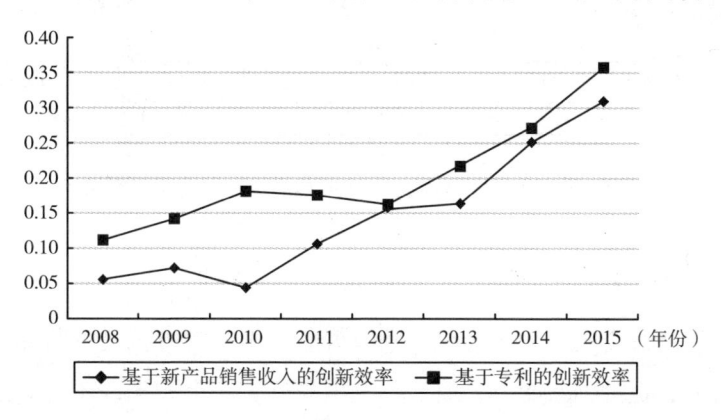

图4-9 河北省航空、航天器及设备制造业
两种产出计算的创新效率

资料来源：根据《中国高技术产业统计年鉴》计算得出。

新效率要高于基于新产品销售收入计算的创新效率,这表明河北省航空设备制造业的技术成果市场化存在一定问题。下一步,应该着重于技术市场的建设,激励企业、高校、科研机构进一步开展研究开发、成果转化和产业化活动;鼓励高校、科研机构建立专业化、市场化的科技成果转移转化机构;支持骨干企业与科研院所、高校、企业集团开展合作,以企业为主导发展产业技术创新战略联盟,积极推动科技成果转化。

由表4-14可知,京津冀三省市8年间的年均创新效率分别为0.321、0.291、0.247,都处在全国平均水平之下,且与全国平均水平相差较大。2008~2015年三省市航空设备制造业与全国平均水平差距基本维持原状,并没有明显的缩小(见图4-10)。

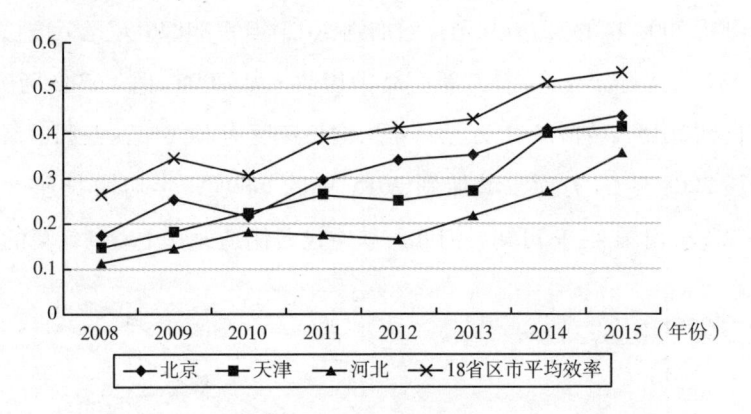

图4-10 京津冀航空、航天器及设备制造业创新效率
(以专利申请数为变量)

资料来源:根据《中国高技术产业统计年鉴》计算得出。

之所以会出现上述情况,原因可能在于三省市虽然不断加大研发投入,提升创新能力,但是与全国先进省区市相比,还是有不小的差距。以北京为例,从研发投入来看,2008年人均研发经费为46.6万元,2015年人均研发经费减少为39.1万元,而河南的人均研发经费由2008年的3.7万元,增长到2015年的19.6万元。从创

第4章 基于SFA模型的京津冀战略性新兴产业创新效率与人力资本关联度评价

新产出来看，北京2008～2015年每百人申请专利数量由4件增长到10件，河南每百人申请专利数量由3件增长到16件。两者对比显示，创新投入与创新产出成正比。北京投入强度相对下降使其产出的增长放缓，而河南投入强度提高使其产出的增长加速。这样一来，创新效率的差距自然也就明显了。

目前在京津冀协同发展战略实施的背景下，京津冀航空设备制造业可以进行协同创新。产学研合作是构建协同创新的资金、人才等支撑体系的重要渠道之一。产学研合作可以采用多种方式，如人才与信息交流、技术转让、项目委托、建立联合实验室、举办合资企业等。京津高校、研究单位众多，人才和信息优势显著，深化产学研合作是推进三地航空设备制造业科技创新的重要举措。

（5）影响创新效率的因素分析。从创新效率的影响因素来看，δ_3通过了显著性检验，且为负，表明政府支持对创新产出有着显著的正向影响，即政府资助研发活动的经费越多，企业的研发积极性越高，越有利于技术研发。政府的直接资金支持弥补了企业创新资助的不足，降低了企业创新的风险，从而激励企业进行更大的研发投入，即对企业研发产生"激励效应"。国内外一些学者的研究发现，政府研发资助对企业研发创新具有"激励效应"。这与前文的研究结果不一致。关于政府资金支持对于创新产出到底是何作用，以后还需要结合产业发展阶段、创新产出滞后期等因素进行深入分析。

δ_1、δ_2、δ_4均没有通过显著性检验。其中，δ_1为负，表明产业研发活动情况对创新产出具有不明显的正向影响。航空设备制造业是典型的技术密集型产业，需用复杂先进而又尖端的科学技术才能进行工作。因此研发企业数量不断增长，在企业总数中所占比重也会不断提高。创新效率最高的河南，2008～2015年间有研发活动的企业占企业总数的比重为63%，即近2/3的企业开展了研发活动。而创新效率较低的天津，这8年间有研发活动的企业所占比重仅为25%。两相对比，显示出开展研发活动的企业数量与创新效率之间有一定的关系。

δ_2 为负，表明产业利润对创新产出具有不明显的正向影响。一般而言，盈利能力越强的产业，越拥有雄厚的实力进行研发活动，毕竟现代意义上的创新离不开产学研多方合作，需要投入大量的研发经费，利润较低的行业用于研发的财力显然是不足的，从而很难催生出创新。

δ_4 为负，表明产业规模对创新产出有着不明显的正向影响，即从业人员越多，越有利于技术开发。从业人员越多，就越有可能聚集大量的科技人才，尤其是核心关键技术人才。当科技人才达到一定规模后，通过知识、经验、信息等资源共享，实现知识转移和技术创新。上述三个影响因素分析与前文以新产品销售收入为产出指标的研究成果是一致的。

4.3.3.3 小结

本部分运用随机前沿分析方法，研究了中国18个省区市航空设备制造业的技术创新效率，重点对河北省及北京、天津航空设备制造业创新效率进行了比较分析，并探讨了影响创新效率的因素。结论如下：

（1）相对于科技经费的投入，科技人员投入对于创新产出的作用较小，即中国航空设备制造业创新产出的增加主要是科研经费拉动的。同时，研发投入的弹性系数（β_1 和 β_2 之和）小于1，说明我国航空设备制造业的研发活动规模不经济。因此，要提高创新产出的关键是通过改善科研工作体制，营造良好科研环境，提高科技人员的积极性和创造性；同时，要加大研发资金的投入，使之与人员投入相匹配。

第4章 基于SFA模型的京津冀战略性新兴产业创新效率与人力资本关联度评价

(2) 中国航空设备制造业发展存在明显的区域不平衡，创新效率的区域差异显著。以新产品销售收入为产出指标计算创新效率时，江苏、辽宁、四川3省的技术创新效率处于高值区域，上海、河北、广东3省市的技术创新效率较低。以专利申请数为产出指标计算创新效率时，河南、江苏2省的创新效率较高，天津、河北2省市的创新效率较低。河北省处于较低层次与国家产业布局及各省区市的综合经济实力相关。

(3) 比较两种方式计算的创新效率，有13个省区市以专利申请数为产出指标的创新效率普遍低于以新产品销售收入为产出指标的创新效率，尤其对于江西、浙江、四川等地区更是差距巨大。这表明航空设备制造业技术开发工作已经严重滞后于技术成果市场化工作。这进一步表明我国航空设备制造业受自身资金、技术储备等限制，自主创新能力薄弱，阻碍了产业的后续良性发展。因此政府必须要加强对知识产权的领导和组织建设，积极营造良好的政策环境和有效的激励机制，保护和鼓励企业从事发明创造活动的积极性；企业要加大研发投入，增强知识产权保护和专利意识，加强专利开发及管理工作。

(4) 从我国航空设备制造业创新效率的动态发展来看，我国航空设备制造业的创新效率表现出直线上升的态势。这与航空设备制造业高速发展情况相符。

(5) 与整个航空设备制造业整体情况一样，河北省航空设备制造业的技术创新效率在2008~2015年呈现明显的上升趋势。但是，以专利申请数为产出指标的创新效率明显高于以新产品销售收入为产出指标的创新效率，两者差距较大。这说明河北省科技市场发育情况相对滞后、产学研合作有待加强。部分省区如江苏、辽宁等科技市场发育完善，成果转化顺畅，因此呈现出以专利申请数为产出指标的创新效率低于以新产品销售收入为产出指标的创新效率。因此河北省应通过推动技术市场发展，强化产学研合作，采取措施着力消除成果转化的阻碍因素，促进航空设备制造业科技成果转化工作。

（6）2008~2015年，以新产品销售收入为产出指标计算的创新效率，河北省的平均创新效率为0.145，排在第17位；以专利申请数为产出指标计算的创新效率，河北省的平均创新效率为0.247，排在第18位。无论是哪种方式计算出的结果，都显示河北省航空设备制造业的创新效率低下，与全国其他省区市差距很明显。为了消除与其他强省创新效率的差异，河北省要抓住京津冀协同发展的历史机遇，充分利用内环京津、外环渤海的区位优势以及日益发达的交通系统、设备制造业基础、土地和劳动力等资源优势，抓住国防科技工业转型升级的有利时机，通过与国内外大型航工集团合作，建设产业基地，吸纳资金，大力推动航空设备制造业良性发展。

（7）京津冀三省市的航空设备制造业都不发达。以新产品销售收入为产出指标计算创新效率时，只有北京的创新效率在全国平均水平之上。天津、河北的创新效率都在全国平均水平之下，且与平均水平差距较大。以专利申请数为产出指标计算创新效率时，三省市均在全国平均水平之下，且与平均水平差距较大。因此，三省市应坚持创新驱动战略，不断加大创新投入，努力增强自主创新能力，持续改善创新环境，积极提升创新效率。

（8）从创新效率的影响因素来看，以新产品销售收入为产出指标计算创新效率时，产业研发活动情况、产业利润、产业规模对创新产出具有明显的正向影响，政府支持具有不明显的负向影响。

以专利申请数为产出指标计算创新效率时，产业研发活动情况、产业利润、产业规模对创新产出具有不明显的正向影响，而政府支持具有明显的正向影响。政府资金支持对研发活动到底产生"挤出效应"还是"激励效应"，分别有不同学者的研究所支持，因

第4章 基于 SFA 模型的京津冀战略性新兴产业创新效率与人力资本关联度评价

此关于政府支持的作用还需要结合产业发展阶段、创新产出滞后期等因素进行深入分析。

4.3.4 电子及通信设备制造业

自1978年到20世纪90年代初期，我国电子产业的性质进行了一次重大的转变。电子及通信设备制造业由军用为主转为军工与民用产品相结合，同时积极支持引进国外的先进高新技术，促进电子信息产业积极加入国际市场的大力合作中，为我国的电子信息产业的规模化、产业化的生产打下坚实的基础。1984年十二届三中全会加快了我国市场经济体制改革的步伐，电子信息产业作为试点，率先完成改制，实现了企业化管理、市场化运营，优先发展消费类电子信息产业。20世纪90年代，我国电子产业开始从单一的制造业向产业结构多元化和自主研究转变，自主创新的产品甚至能够与许多科技强国的顶尖电子产品相媲美。1998年信息产业部成立后，我国的电子产业开始走向世界，不断开展国际交流，大胆利用外资，引进先进技术，取长补短，逐步完善行业自身，促进了行业之间的融合，使得国内电子行业更具凝聚力和向心力。在此期间，我国的电子信息产业开始进入新的发展阶段，既要继续做大产业规模，通过代工进入全球电子产业链分工体系，又要在技术研发、产品创新等方面紧紧跟随国际一流企业。

电子及通信设备制造业的研究对象包括：北京、天津、河北、山西、辽宁、吉林、黑龙江、上海、江苏、浙江、安徽、福建、江西、山东、河南、湖北、湖南、广东、广西、重庆、四川、贵州、云南、陕西、甘肃25个省级区域。其余省区市的数据缺失严重，分析中暂不涉及。

电子及通信设备制造业相关变量的描述统计量如表4-15所示。

表4-15　　变量描述性特征（电子及通信设备制造业）

项　目	极小值	极大值	均值	均值标准误	标准差
新产品销售收入（万元）	1190.00	110916519.00	5900549.62	932013.46	13180660.79
专利申请数（项）	0	45962.00	2602.24	472.66	6684.45
研发人员（人）	93.00	194640.00	14611.12	2328.64	32931.88
研发经费内部支出（万元）	220.00	7148380.00	362715.81	66056.57	934180.93
有研发活动的企业数与企业总数的比例	0	0.94	0.27	0.01	0.16
利润总额（亿元）	-28.16	1593.00	110.48	16.20	229.16
政府资金占研发经费内部支出的比例	0	1.00	0.10	0.01	0.15
从业人员年平均数（人）	1222.00	3121968.00	265941.82	39389.26	557048.29

资料来源：根据《中国高技术产业统计年鉴》计算得出。

4.3.4.1　以新产品销售收入为产出变量的实证分析结果

如前所述，生产函数主要有柯布—道格拉斯生产函数和超越生产函数两种形式。生产函数的形式不能随便确定，而应根据客观的统计检验来决定选择使用哪种生产函数。

以电子及通信设备制造业的新产品销售收入为产出指标，运用软件FRONTIER4.1，超越生产函数的估算结果如表4-16所示。

表4-16　　超越生产函数的估计结果

（以电子及通信设备制造业的新产品销售收入为变量）

变量	系数	标准差	t-检验值
β_0	1.634	1.366	4.643
β_1	0.081	0.641	0.127
β_2	0.558	0.470	1.187
β_3	0.183	0.367	0.497
β_4	0.073	0.225	0.326

第4章 基于SFA模型的京津冀战略性新兴产业创新效率与人力资本关联度评价

续表

变量	系数	标准差	t-检验值
β_5	-0.098	0.282	-0.349
σ^2	0.619***	0.140	4.424
γ	0.423***	0.094	4.511
η	0.034	0.025	3.369

注：*** 代表在1%显著水平下具有统计显著性。

由表4-16可知，β_1、β_2、β_3、β_4、β_5参数的 t 值均很小，未通过 t 检验，这已在一定程度上表明本问题选用超越生产函数不恰当。

下面做进一步统计检验：

H_0：$\beta_3 = \beta_4 = \beta_5 = 0$，$H_1$：$\beta_3$，$\beta_4$，$\beta_5$不全为0

$LR = -2[\text{Ln}L(H_0) - \text{Ln}L(H_1)] = 0.194$，而 LR 近似服从自由度为3的 χ^2 分布，而 $\chi^2_{0.05}(3) = 7.815$，故不能拒绝原假设。因此根据上述参数估计和统计检验结果表明，本问题不宜选用超越生产函数，而应该采用柯布—道格拉斯生产函数的随机前沿模型。

具体的柯布—道格拉斯生产函数形式的随机前沿模型详见"4.2.1 研究模型"，此处略。

根据式（4-3）、式（4-5），得到表4-17中待估计参数的估计值及其相关检验结果，同时表4-18给出了基于新产品销售收入的电子及通信设备制造业2008~2015年的创新效率水平估计结果。

表4-17　　　　随机前沿生产函数估计的参数结果

（以电子及通信设备制造业的新产品销售收入为变量）

变量	系数	标准差	t-检验值
β_0	5.883***	0.451	13.035
β_1	0.221*	0.120	1.838
β_2	0.617***	0.088	7.039
δ_0	4.494***	0.749	6.003

续表

变量	系数	标准差	t-检验值
δ_1	-0.088*	0.046	-1.896
δ_2	-0.015	0.019	-0.769
δ_3	0.087	0.053	-1.642
δ_4	-0.322***	0.028	-11.521
σ^2	0.626***	0.131	4.778
γ	0.432***	0.079	5.424
η	0.039**	0.020	2.017
对数似然函数值	-207.833	样本数	200
单边 LR 检验	57.373	创新平均效率	0.535

注：*、**、*** 分别代表在 10%、5%、1% 显著水平下具有统计显著性。LR 为似然比检验统计量，此处它服从混合卡方分布（mixed chi-squared distribution）。

表 4-18　　中国电子及通信设备制造业创新效率

（以新产品销售收入为变量）

地区	2008年	2009年	2010年	2011年	2012年	2013年	2014年	2015年	平均效率
广东	0.885	0.886	0.886	0.888	0.889	0.889	0.890	0.891	**0.888**
江苏	0.872	0.881	0.881	0.885	0.886	0.887	0.887	0.886	**0.883**
浙江	0.709	0.762	0.726	0.851	0.888	0.925	0.933	0.942	**0.842**
福建	0.627	0.656	0.681	0.782	0.833	0.846	0.848	0.865	**0.767**
山东	0.644	0.688	0.612	0.670	0.787	0.766	0.865	0.864	**0.737**
上海	0.679	0.531	0.655	0.723	0.752	0.733	0.758	0.781	**0.702**
天津	0.606	0.609	0.666	0.600	0.718	0.731	0.751	0.754	**0.679**
河南	0.325	0.276	0.421	0.632	0.789	0.862	0.870	0.924	**0.637**
四川	0.539	0.576	0.479	0.523	0.605	0.627	0.666	0.744	**0.595**
北京	0.533	0.592	0.523	0.572	0.591	0.588	0.586	0.514	**0.562**
湖南	0.326	0.400	0.395	0.531	0.662	0.681	0.716	0.763	**0.559**
湖北	0.400	0.462	0.501	0.572	0.587	0.586	0.625	0.669	**0.550**
江西	0.345	0.417	0.408	0.490	0.567	0.663	0.675	0.740	**0.538**
山西	0.356	0.395	0.693	0.543	0.513	0.530	0.547	0.573	0.519
辽宁	0.321	0.499	0.561	0.476	0.514	0.508	0.504	0.501	0.486

第4章 基于SFA模型的京津冀战略性新兴产业创新效率与人力资本关联度评价

续表

地区	2008年	2009年	2010年	2011年	2012年	2013年	2014年	2015年	平均效率
安徽	0.321	0.373	0.353	0.468	0.550	0.554	0.601	0.654	0.484
河北	0.339	0.402	0.478	0.582	0.473	0.477	0.528	0.586	0.483
陕西	0.411	0.303	0.377	0.446	0.445	0.426	0.449	0.483	0.418
重庆	0.250	0.316	0.286	0.345	0.423	0.440	0.490	0.558	0.389
广西	0.279	0.347	0.339	0.428	0.413	0.451	0.423	0.421	0.388
吉林	0.300	0.375	0.229	0.217	0.263	0.208	0.241	0.244	0.260
云南	0.161	0.703	0.110	0.157	0.185	0.185	0.192	0.213	0.238
贵州	0.203	0.228	0.220	0.235	0.224	0.179	0.261	0.269	0.227
甘肃	0.196	0.256	0.224	0.225	0.226	0.215	0.220	0.237	0.225
黑龙江	0.125	0.207	0.160	0.203	0.198	0.254	0.212	0.258	0.202
平均效率	0.438	0.493	0.482	0.529	0.567	0.576	0.597	0.621	0.535

注：表中最后一列平均效率中黑体字表示大于平均值的数。
资料来源：根据《中国高技术产业统计年鉴》计算得出。

从表4-17可知，$\gamma = 0.432$，且在1%显著水平下具有统计显著性，说明式（4-3）中的误差项有着十分明显的复合结构，即研发投入在生产过程存在着显著的效率损失，因此使用SFA技术对2008~2015年间的产业数据进行估计是完全有必要的。

式（4-3）和式（4-5）模型的实证结果如下：

（1）科技人员和研发经费的投入产出弹性。β_0、β_1、β_2均通过了显著性检验。其中：$\beta_1 = 0.221$，表示研发人员投入每增加1%，会带来创新产出（新产品销售收入）增长0.221%；$\beta_2 = 0.617$，表示研发经费投入每增长1%，使创新产出（新产品销售收入）增长0.617%。这反映出在人员和资本要素的投入中，新产品销售收入对于研发经费投入的变化更敏感，资本在创新产出中的贡献程度要大于人员，即中国电子及通信设备制造业创新产出的增加主要是科研经费拉动的。这可能与核心高端技术人才的缺乏有关。因此，我国在增加资本投入的同时，更应注重人力资本质量的提高。

此外，通过 β_1 和 β_2 之和可以判断该行业规模报酬情况：β_1 和 β_2 之和小于1，但已经接近于1，表明我国电子及通信设备制造业目前处于规模报酬递减向递增转变阶段。我国电子及通信设备业的综合实力在5大高技术产业中是最强的，行业的迅猛发展孕育了众多国际级的IT企业，如华为、海尔、联想、中兴等，这在其他行业绝无仅有。华为、大唐、恒生、中控等多家企业获得国家科技进步奖，服务器、通信设备、软件等多个领域取得新突破。因此，电子及通信产品制造业已经具有一定的聚集效应及规模经济特征，规模较大的企业由于在技术累积、销售网络上的领先往往在竞争中占据一定的优势，呈现强者恒强的"马太效应"。各细分子行业先后呈现出这一效应的特征。

$\eta = 0.039 > 0$，表明各省、区、市的无效率将随着时间的推移而加速下降，即技术创新效率呈上升趋势。

（2）不同地区的技术创新效率差异。从各省区市历年创新效率来看（见表4-18），2008~2015年，广东、江苏、浙江3省的创新效率处于高值区域，这8年的均值都在0.8以上，其中广东的创新效率最高，达到0.888；吉林、云南、贵州、甘肃、黑龙江5省的创新效率较低，这8年平均创新效率不足0.3。黑龙江的创新效率最低，只有0.202，仅相当于广东创新效率的22.8%，这表明我国电子及通信设备制造业区域发展不平衡。在国家政策引导及产业集群自身良性带动下，电子及通信设备制造业逐渐向东部沿海经济发达地区集聚（广东、江苏、浙江、福建、山东、上海等）；而中西部省份因地处内陆，经济发展较为缓慢，技术创新也受到相应的影响。总体而言，各省区市创新效率的情况基本符合目前我国电子及通信设备制造业的发展现状。

有12个省区市的年均创新效率在整体平均效率以下，占全部25个省级区域的48%，即我国电子及通信设备制造业中约有近一半

第4章 基于SFA模型的京津冀战略性新兴产业创新效率与人力资本关联度评价

省区市的创新效率处于平均水平以下，反映出该行业的整体创新效率仍然较低。这与我国电子及通信设备制造业自主创新能力较薄弱，总体技术水平落后于世界领先水平，而且该产业的核心关键技术以及重大重要成套生产设备已形成进口依赖的局面有密切的关系。

（3）电子及通信设备制造业技术创新效率变动的趋势。从我国电子及通信设备制造业创新效率的动态发展来看（见图4-11），2008~2015年该行业总体创新效率呈平稳上升趋势，增速明显。这可能是受到2008年经济危机后国家实行经济刺激政策（家电下乡及出口退税），以及随着工业化、信息化进程加剧，电子通信市场需求高速增长等因素的影响。

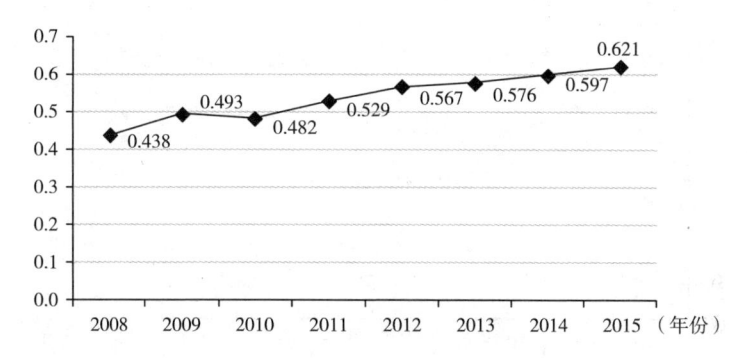

图4-11 中国电子及通信设备制造业创新效率
（以新产品销售收入为变量）

资料来源：根据《中国高技术产业统计年鉴》计算得出。

（4）京津冀电子及通信设备制造业技术创新效率的比较。如表4-18可知，河北省8年间平均创新效率为0.483，排在倒数第9位，处于中偏下位置。与排名第1的广东相比，相差0.405，河北的创新效率仅为广东的54.4%。此外，全国平均效率为0.535，河北的创新效率仅相当于全国行业平均值的90.2%。由上可知，河北省电子及通信设备制造业在创新效率上与其他先进省份相比，差距较大，与全国平均水平也有一些差距。这表明河北省电子及通信设备制造业发展相对滞后。这可能与河北省经济实力有限，缺少高端化、特色化的产业集群以及研发人员、资金投入不足等因素有关。

由表4-18和图4-12可知，2008~2015年京津冀三省市相比：天津电子及通信设备制造业8年间平均创新效率为0.679，每年的创新效率都在0.6~0.8之间，且远高于全国平均水平；北京电子及通信设备制造业8年间平均创新效率为0.562，低于天津，2013年之前每年的创新效率都在全国平均水平之上，从2014年开始低于全国平均水平；河北电子及通信设备制造业8年间平均创新效率为0.483，略低于北京，其2008~2015年的创新效率基本上都低于全国平均水平，是三省市中创新效率最低的省份。

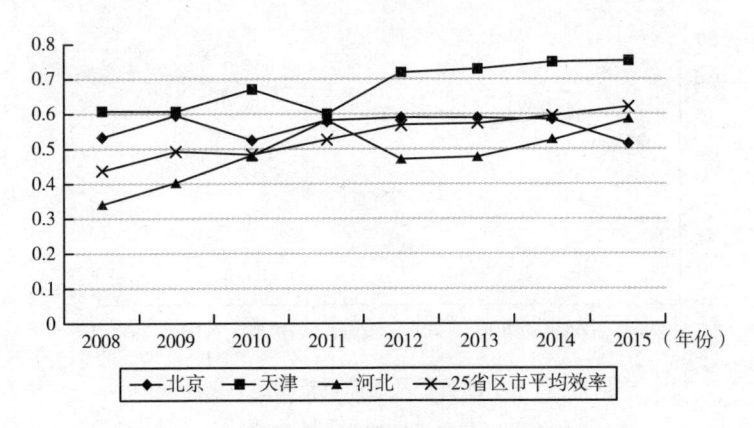

图4-12　京津冀电子及通信设备制造业创新效率
（以新产品销售收入为变量）

资料来源：根据《中国高技术产业统计年鉴》计算得出。

从走势来看，这8年间北京的创新效率一直稳定在0.5~0.6之间，2015年略有下降。天津的创新效率呈现稳定上升趋势。河北起点较低，但是后期增长速度很快，与全国平均水平的差距在逐渐缩小，由2008年的相差0.099，缩小至2015年的0.035。这与河北省电子及通信设备制造业坚持创新驱动战略，不断加大创新投入，增强自主创新能力，改善创新环境的现状相吻合。对比三省市2008~

第4章 基于 SFA 模型的京津冀战略性新兴产业创新效率与人力资本关联度评价

2015年的研发经费增长情况,北京年均增速为24.4%,天津为11%,河北为58.5%。在研发人员增长方面,北京年均增速为3.8%,天津为3.3%,河北为24.2%。

此外,这也与京津冀协同发展战略下北京与天津产业、技术、人员及资金向河北转移有关。随着京津冀协同发展战略的推行,北京、天津的科技项目、技术、人员及资金开始向河北转移,这势必会推动河北省电子及通信设备制造业的科技创新活动。

(5) 影响创新效率的因素分析。从创新效率的影响因素来看,δ_1、δ_4通过了显著性检验。其中,δ_1为负,表明产业研发活动情况对创新产出具有明显的正向影响。电子及通信设备制造业是典型的资金密集型、技术密集型行业,企业面临着快速不断的技术更新与竞争,这就促使企业积极开展技术、产品创新活动。因此随着企业总数的增加,开展研发活动的企业数量也会随之增长。创新效率最高的广东,2011~2015年间有研发活动的企业占企业总数的比重为27%,即约1/3的企业开展了研发活动。而创新效率较低的甘肃,这5年间有研发活动的企业所占比重仅为20%。两相对比,显示出开展研发活动的企业数量与创新效率之间存在着密切关系。

δ_4为负,表明产业规模对创新产出有着显著的正向影响,即从业人员越多,越有利于技术开发。从业人员越多,就越有可能聚集核心关键技术人才,从而有利于进行科技创新。科技型人才聚集在某区域形成科技型人才聚集效应,在一定的情景作用下,科技型人才通过科技知识转移和技术创新,促使区域科技知识水平和技术创新水平提升。这与肖仁桥、韩晶等学者的研究成果是一致的。

δ_2、δ_3没有通过显著性检验。其中,δ_2为负,表明产业利润对创新产出具有明显的正向影响。一般而言,产业越能够盈利,越有雄厚的实力进行研发活动,毕竟现代意义上的创新离不开产学研多方合作,需要投入大量的研发经费。利润较低的行业用于研发的财力显然是不足的，从而很难更多地催生出创新。

δ_3 为正，表明政府支持对创新产出有着不明显的负向影响。政府直接资助研发活动，一方面可能会挤出私人企业的投资，另一方面也可能会加强对研发资源的竞争，使研发成本上升（杨青峰，2013）。这与杨青峰等人的研究结果是一致的。

4.3.4.2 以专利申请数为产出变量的实证分析结果

如前所述，生产函数主要有柯布—道格拉斯生产函数和超越生产函数两种形式。生产函数的形式不能随便确定，而应根据客观的统计检验来决定选择使用哪种生产函数。

以电子及通信设备制造业的专利申请数为产出指标，运用软件Frontier4.1，超越生产函数的估算结果如表4-19所示。

表4-19　　　　　超越生产函数的估计结果

（以电子及通信设备制造业的专利申请数为变量）

变量	系数	标准差	t-检验值
β_0	-2.155*	1.111	-1.939
β_1	0.585	0.468	1.250
β_2	0.201	0.397	0.507
β_3	-0.113	0.271	0.415
β_4	-0.536	0.165	-0.324
β_5	0.798***	0.206	3.861
σ^2	0.391***	0.042	9.335
γ	0.125*	0.073	1.726
η	0.024	0.035	1.449

注：*、***分别代表在10%、1%显著水平下具有统计显著性。

由表4-19可知，β_1、β_2、β_3、β_4参数的 t 值均很小，未通过 t 检验，这已在一定程度上表明本问题选用超越生产函数不恰当。

下面做进一步统计检验：

第4章 基于SFA模型的京津冀战略性新兴产业创新效率与人力资本关联度评价

$H_0: \beta_3 = \beta_4 = \beta_5 = 0$，$H_1: \beta_3$，$\beta_4$，$\beta_5$ 不全为 0

$LR = -2[\text{Ln}L(H_0) - \text{Ln}L(H_1)] = 1.68$，而 LR 近似服从自由度为 3 的 χ^2 分布，而 $\chi^2_{0.05}(3) = 7.815$，故不能拒绝原假设。因此根据上述参数估计和统计检验结果表明，本问题不宜选用超越生产函数，而应该采用柯布—道格拉斯生产函数的随机前沿模型。

具体的柯布—道格拉斯生产函数形式的随机前沿模型详见"4.2.1 研究模型"，此处略。

根据式（4-4）、式（4-6），得到表4-20中待估计参数的估计值及其相关检验结果，同时表4-21给出了基于专利申请数的中国电子及通信设备制造业2008~2015年的创新效率水平估计结果。

表4-20　　　　　随机前沿生产函数估计的参数结果

（以电子及通信设备制造业的专利申请数为变量）

变量	系数	标准差	t-检验值
β_0	-2.649***	0.378	-7.005
β_1	0.258***	0.098	2.613
β_2	0.764***	0.082	9.392
δ_0	1.682	1.257	1.338
δ_1	-0.721***	0.273	-2.639
δ_2	-0.058	0.048	-1.205
δ_3	0.160	0.181	0.884
δ_4	-0.260*	0.133	-1.956
σ^2	1.063**	0.503	2.115
γ	0.916***	0.036	25.381
η	0.167***	0.042	7.953
对数似然函数值	-160.639	样本数	200
单边 LR 检验	71.701	创新平均效率	0.609

注：*、**、***分别代表在10%、5%、1%显著水平下具有统计显著性。LR 为似然比检验统计量，此处它服从混合卡方分布（mixed chi-squared distribution）。

表 4-21　　中国电子及通信设备制造业创新效率
（以专利申请数为变量）

地区	2008年	2009年	2010年	2011年	2012年	2013年	2014年	2015年	平均效率
北京	0.732	0.824	0.877	0.879	0.899	0.832	0.831	0.695	**0.822**
广东	0.796	0.843	0.752	0.821	0.832	0.816	0.846	0.817	**0.815**
贵州	0.722	0.800	0.889	0.865	0.841	0.804	0.661	0.734	**0.790**
上海	0.427	0.739	0.684	0.849	0.854	0.811	0.843	0.797	**0.751**
浙江	0.321	0.793	0.644	0.808	0.830	0.834	0.803	0.780	**0.727**
安徽	0.177	0.737	0.508	0.834	0.860	0.867	0.867	0.863	**0.714**
山东	0.442	0.688	0.643	0.799	0.747	0.713	0.736	0.804	**0.697**
江苏	0.242	0.567	0.604	0.796	0.765	0.761	0.809	0.817	**0.670**
四川	0.252	0.416	0.573	0.567	0.880	0.830	0.880	0.829	**0.653**
重庆	0.353	0.482	0.413	0.800	0.832	0.732	0.705	0.789	**0.638**
甘肃	0.201	0.780	0.538	0.845	0.806	0.747	0.671	0.510	**0.637**
陕西	0.453	0.436	0.660	0.665	0.784	0.790	0.718	0.451	**0.620**
福建	0.270	0.737	0.467	0.571	0.677	0.700	0.713	0.681	0.602
江西	0.371	0.324	0.442	0.429	0.611	0.762	0.797	0.710	0.556
天津	0.165	0.672	0.423	0.481	0.750	0.680	0.615	0.585	0.546
河南	0.386	0.537	0.659	0.763	0.719	0.570	0.378	0.341	0.544
辽宁	0.171	0.620	0.343	0.516	0.629	0.750	0.612	0.696	0.542
吉林	0.279	0.679	0.074	0.391	0.854	0.852	0.536	0.661	0.541
河北	0.356	0.700	0.728	0.351	0.644	0.534	0.635	0.296	0.531
云南	0.917	0.186	0.329	0.535	0.550	0.492	0.499	0.685	0.524
山西	0.321	0.218	0.330	0.523	0.883	0.496	0.597	0.788	0.520
湖南	0.101	0.387	0.578	0.630	0.625	0.529	0.542	0.451	0.480
湖北	0.287	0.478	0.448	0.456	0.485	0.590	0.488	0.602	0.479
广西	0.023	0.740	0.353	0.388	0.561	0.607	0.472	0.647	0.474
黑龙江	0.129	0.161	0.021	0.251	0.748	0.856	0.915	0.577	0.457
平均效率	0.356	0.582	0.519	0.633	0.747	0.718	0.687	0.664	0.609

注：表中最后一列平均效率中黑体字表示大于平均值的数。
资料来源：根据《中国高技术产业统计年鉴》计算得出。

从表 4-20 可知，$\gamma = 0.916$，且在 1% 显著水平下具有统计显

第4章 基于SFA模型的京津冀战略性新兴产业创新效率与人力资本关联度评价

著性,说明式(4-4)中的误差项有着十分明显的复合结构,使用SFA技术对数据进行估计是合理的。

式(4-4)和式(4-6)式模型的实证结果如下:

(1)科技人员和研发经费的投入产出弹性。β_0、β_1、β_2均通过了显著性检验。其中:$\beta_1 = 0.258$,表示研发人员投入每增加1%,会带来创新产出(专利申请数)增长0.258%;$\beta_2 = 0.764$,表示研发经费投入每增长1%,使创新产出(专利申请数)增长0.764%。这反映出在人员和资本要素的投入中,研发经费投入比科技人员投入对于专利申请数量的影响更大,人员在创新产出中的贡献程度要小于资本,即中国的电子及通信设备制造业创新产出的增加主要是科研经费拉动的。这与前文的结论比较一致。这可能与研发人员素质、积极性以及资本收益率较高等问题有关。因此,该行业在增加研发资本投入的同时,更应注重人力资本质量的提高。要提高电子及通信设备制造业的专利产出水平,必须加大对核心高端技术人才的投入,改善科研环境,切实提高科技人员的积极性及创造性。

此外,通过β_1和β_2之和可以判断该行业规模报酬情况:β_1和β_2之和大于1,表明我国电子及通信设备制造业处于规模报酬递增阶段。可能是由于该行业综合实力相对较强,有一大批大型国际化企业,初步实现了规模经济,这与前文的结论基本一致。我国通信设备制造业坚持技术引进和自主开发相结合,已经形成了一个较为完整的产业体系,产业链逐步完善,自主创新能力明显提升,产业规模不断扩大,已成为电子信息产业的支柱产业。随着中国通信业的发展,中国通信设备制造业也得到了充分发展,以华为、中兴为代表的本土通信设备制造行业经历了学习期、模仿期,现在已经进入了具有完全知识产权的独立研制阶段,在有些通信产品领域中,本土企业已经走在了世界的前列,甚至领导了这些通信产品全球标准的商讨和制定。

$\eta=0.167>0$，表明我国电子及通信设备制造业的无效率将随着时间的推移而加速下降，即技术创新效率呈上升趋势。

(2) 不同地区的技术创新效率差异。从各省区市历年创新效率来看（见表4-21），2008~2015年，北京、广东、贵州、上海4省市的创新效率处于高值区域，8年均值在0.75以上，其中北京最高，达到0.822；湖南、湖北、广西、黑龙江4省份的创新效率较低，8年平均创新效率在0.5以下，其中黑龙江最低，为0.457。有13个省份的年均创新效率在整体平均效率以下，占全部25个省级区域的52%，即一半的省份创新效率在全国平均水平以下，可见我国电子及通信设备制造业创新效率提升空间比较大。各省份之间的差距并不太大，第1名的北京与排名最后的黑龙江，相差0.365，约为44%；绝大多数省份的创新效率集中在0.4~0.8之间（除北京、广东外）。这表明我国电子及通信设备制造业区域发展存在一定的地区不平衡，但是程度并不大。此外，我国电子及通信设备制造业创新效率较高的省区市主要集中在东部沿海发达地区，中西部地区省份的创新效率较低（贵州除外）。

比较两种方式计算的创新效率，有16个省份以专利申请数为产出指标的创新效率普遍高于以新产品销售收入为产出指标的创新效率，贵州、甘肃、安徽等省份两者之间的差距非常大，如贵州，前者比后者高0.563，这表明64%的省份在把技术开发的成果转化为经济效益时存在更多的无效率因素，因此要积极发展完善技术市场，加强产学研深度整合，削弱技术成果转化的阻力，促进电子及通信设备制造业科技成果转化工作。

广东、江苏、浙江、福建、山东等9省区市研发的转化效率较高。一方面可能是经济发达，市场需求旺盛加速了技术成果的市场化；另一方面是企业数量众多且实力雄厚，科研、管理和商业化能力较强，有实力应对复杂的研发局面，成功地把新产品推向市场。

第4章 基于SFA模型的京津冀战略性新兴产业创新效率与人力资本关联度评价

（3）电子及通信设备制造业技术创新效率变动的趋势。从我国电子及通信设备制造业创新效率的动态发展来看（见图4-13），自2008年以来该行业总体创新效率呈现波动上升趋势。2008~2012年，该行业创新效率从0.356迅速上升到0.747，而后缓慢回落到2015年的0.664，总的来看，仍然为上升态势。这可能与该行业对外开放程度较高、具有一定的技术水平、已经从仿制向自主研发过渡、资本关注度较高以及国家优惠政策支持等因素有关。

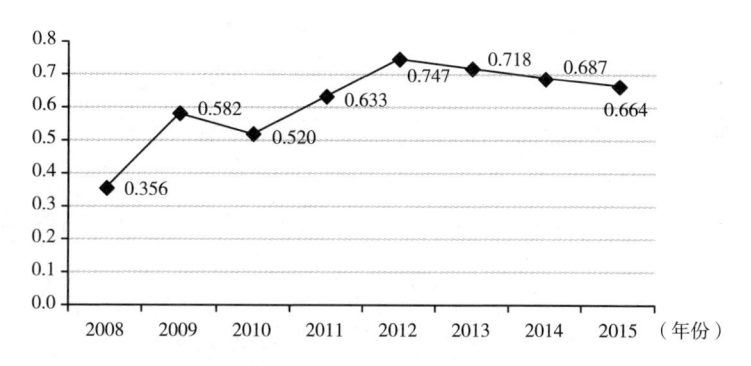

图4-13 中国电子及通信设备制造业创新效率
（以专利申请数量为变量）

资料来源：根据《中国高技术产业统计年鉴》计算得出。

（4）京津冀电子及通信设备制造业技术创新效率的比较。河北省2008~2015年平均创新效率为0.531，排在倒数第7位，低于全国平均效率水平，处于较低的位置。与排名第1的北京相比，相差较大，河北创新效率仅相当于北京的64%。与其他先进省区相比，河北省电子及通信设备制造业的创新效率较低，差距较大。这与河北省电子及通信设备制造业起步较晚，产业结构还不够合理，技术、资金等力量都比较薄弱的情况基本相符。这也可能与河北省技术开发投入严重不足、经费少、人员素质低、研发能力差有关。

近年来，河北省以提高经济综合实力和产业结构优化升级为目标，通过组织实施高新技术产业重点示范项目，加快建设高新技术

人力资本对京津冀战略性新兴产业创新绩效贡献研究

产业基地和高新区,使高新技术产业集中优势日益显现,总量不断扩大。河北省电子及通信设备制造业在此期间得到了快速发展。从创新投入来看,河北省电子及通信设备制造业的研究人员从2008年的1408人,增加到2015年的6420人,增长了3.6倍;研发经费内部支出从2008年的4773万元,增加到2015年的120067万元,增长了24倍。从创新产出来看,新产品销售收入从2008年的192921万元,增长到2015年的984195万元,年均增长速度为26.2%;专利申请数量从2008年的39项,增加到2015年的321项,年均增长速度为35.1%。专利产出的增长要高于新产品销售收入的增长。

由图4-14可知,河北省电子及通信设备制造业基于新产品销售收入计算的创新效率表现出稳定上升的趋势,从2008年的0.34,一直增长到2015年的0.586,而基于专利计算的创新效率则表现出很大的波动,呈M形状。2009~2010年、2012~2014年分别为两个高峰时期,2008年、2011年、2015年为创新效率的低点。总体来看,除了2011年、2015年个别年份外,基于专利计算的创新效率要高于基于新产品销售收入计算的创新效率,这表明河北省电子

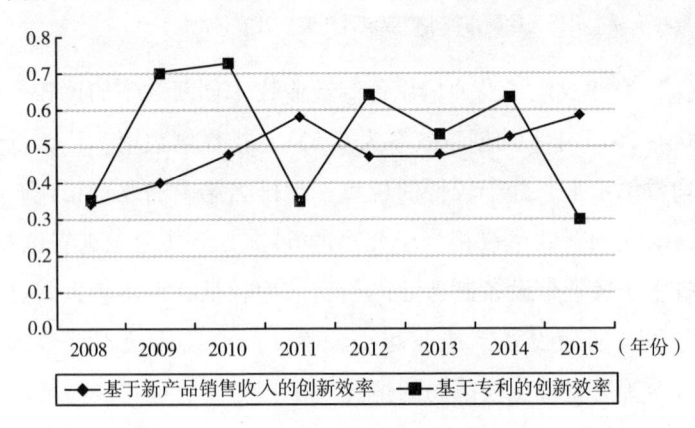

图4-14 河北省电子及通信设备制造业两种产出计算的创新效率

资料来源:根据《中国高技术产业统计年鉴》计算得出。

第4章 基于SFA模型的京津冀战略性新兴产业创新效率与人力资本关联度评价

及通信设备制造业的技术成果市场化存在一定问题。下一步，应该着重于技术市场的建设，鼓励企业、高校、科研机构等积极开展成果转化和产业化活动；支持产学研深度合作，以推动科技成果转化工作。

由表4-21可知，2008~2015年，京津冀三省市的电子及通信设备制造业相比：北京这8年间的平均创新效率为0.821，始终在全国平均水平之上；天津、河北的平均创新效率分别为0.547、0.531，都处在全国平均水平之下，且与全国平均水平（0.609）相差不大。从图4-15走势来看，北京2008~2015年每年的创新效率都较高，处在0.7~0.9之间，比较稳定；天津、河北这8年间创新效率变动情况基本相同，不稳定，波动明显，呈M形。

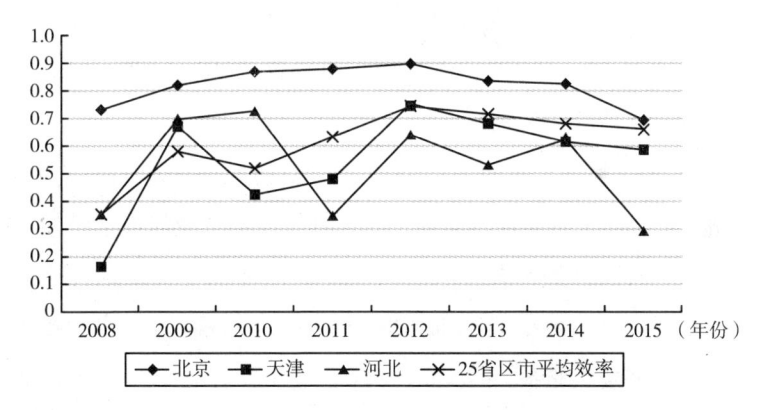

图4-15 京津冀电子及通信设备制造业创新效率
（以专利申请数为变量）

资料来源：根据《中国高技术产业统计年鉴》计算得出。

之所以会出现上述情况，原因可能在于三省市原先基础及在研发投入及产出上的差距。从研发投入来看，北京2008年人均研发经费为12.3万元，2015年人均研发经费增长为43.7万元，增长了2.5倍；天津的人均研发经费由2008年的17.9万元，增加到2015年的29.8万元，增长了0.6倍；河北的人均研发经费由2008年的

3.4万元,增加到2015年的18.7万元,增长了4.5倍,虽然增速快于京津,但是基础太差。

从创新产出来看,北京2008~2015年每百人申请专利数量由13件增长到22件,天津每百人申请专利数量由3件增长到13件,河北则由3件增加到5件;在此过程中,天津、河北两省市波动很大,在个别年份天津、河北最高值分别达到22件、13件。

综合比较显示,北京研发投入产出行业基础较好,发展平稳;天津行业基础也比较好,但内部波动较大;河北虽然基础较差,且波动较大,但是增速很快,与全国平均水平的差距在逐渐缩小。

因此,河北省在大力发展该行业的同时,要着力解决好重生产、轻科研开发的问题,加大研发投入,增强创新能力,提升创新产出水平。此外,京津冀协同发展战略提出后,河北要积极构建平台,做好承接产业转移的工作,切实抓住这一历史机遇,促进电子及通信设备制造业的发展。

(5)影响创新效率的因素分析。从创新效率的影响因素来看,δ_1、δ_4通过了显著性检验。其中,δ_1为负,表明产业研发活动情况对创新产出具有明显的正向影响。作为创新主体的企业主动开展研发活动,是提高创新效率的基础。电子及通信设备制造业作为技术密集型行业,需要大量研发活动以支撑企业生产经营活动。因此研发企业数量会随着产业规模的扩大、竞争加剧而不断增长。创新效率最高的北京,2011~2015年间有研发活动的企业占企业总数的比重为52%,即一半的企业开展了研发活动。而创新效率最低的黑龙江,5年间有研发活动的企业所占比重仅为36.4%。这也在一定程度上反映出产业研发活动情况对创新效率的正向影响。

δ_4为负,表明产业规模对创新产出有着显著的正向影响,即从业人员越多,越有利于技术开发。从业人员越多,就越有可能聚集大量高端技术人才,包括核心关键人员,进而产生人才聚集效应,

第4章 基于 SFA 模型的京津冀战略性新兴产业创新效率与人力资本关联度评价

从而催生科技创新。这与肖仁桥等学者的研究成果是一致的。

δ_2、δ_3 没有通过显著性检验。其中，δ_2 为负，表明产业利润对创新产出具有明显的正向影响。一般而言，产业越能够盈利，越有雄厚的实力进行研发活动，毕竟现代意义上的创新离不开产学研多方合作，需要投入大量的研发经费，利润较低的行业用于研发的财力显然是不足的，从而很难更多地催生出创新。

δ_3 为正，表明政府支持对创新产出有着不明显的负向影响。政府直接资助研发活动，一方面可能会挤出私人企业的投资，另一方面也可能会加强对研发资源的竞争，使研发成本上升（杨青峰，2013）。上述影响因素的分析与以新产品销售收入为产出指标的创新效率的影响因素研究结论相一致。

4.3.4.3 小结

本部分运用随机前沿分析方法，研究了我国 25 个省区市电子及通信设备制造业的技术创新效率，重点对河北省及北京、天津电子及通信设备制造业创新效率进行了比较分析，并探讨了影响创新效率的因素。结论如下：

（1）相对于科技经费的投入，科技人员投入对于创新产出的作用较小，即中国电子及通信设备制造业创新产出的增加主要是科研经费拉动的。同时，研发投入的弹性系数（β_1 和 β_2 之和）接近甚至超过 1，说明我国电子及通信设备制造业的研发活动已经达到规模经济。电子及通信设备制造业具有固定成本高、可变成本低的特性，这一特性使得行业的规模经济特征与传统产业有所不同。电子信息行业在生产过程中基本不受最佳生产规模限制，产品生产不断扩大使单位产品固定成本不断摊薄，但同时价格大幅下降，利润空间逐渐缩小。因此，该行业需要不断进行新产品的开发以追求超额垄断利润。

综上，要提高创新产出的关键是通过吸纳核心关键技术人才，改善科研工作体制，营造良好科研环境，提高科技人员的积极性和创造性；要加大研发资金的投入，使之与人员投入相匹配；同时，加强产学研合作，促进技术成果市场化。

（2）以新产品销售收入为产出指标计算的创新效率呈现出明显的不平衡现象；而以专利申请数为产出指标反映的创新效率则表现出与之相反的情况，省际之间差异并不大。由于技术密集型的特性，电子及通信设备制造业主要分布在珠三角、长三角以及环渤海地区，如广东、江苏、浙江、北京等。这些区域经济比较发达，同时对外开放的程度比较高，具有领先的技术水平和较高的资本关注度，因此，创新效率相对较高；同时在国家优惠政策支持下，中西部省份的电子及通信设备制造业也有了较快的增长，如贵州、重庆。

（3）比较两种方式计算的创新效率，有16个省份以专利申请数为产出指标的创新效率普遍高于以新产品销售收入为产出指标的创新效率，贵州、甘肃、安徽等省份表现得尤为明显。这表明该行业的技术成果市场化工作存在诸多障碍因素，已经严重影响到产业的进一步发展。因此，要积极发展完善技术成果交易市场，建立多渠道的交易平台，加强产学研深度整合，加强政府扶持力度，切实促进研发成果转化。

（4）我国电子及通信设备制造业的创新效率呈波动上升的态势。这与电子及通信设备业对外开放程度加深、积极参与国际竞争有关。

（5）与其他先进省份相比，河北省电子及通信设备制造业的创新效率较低，差距较大。这与河北省电子及通信设备制造业起步较晚，产业结构还不够合理，技术、资金等力量都比较薄弱的情况基本相符。

河北省电子及通信设备制造业基于新产品销售收入计算的创新

第4章 基于SFA模型的京津冀战略性新兴产业创新效率与人力资本关联度评价

效率表现出稳定上升的趋势，而基于专利计算的创新效率则表现出很大的波动，呈M形状。基于专利计算的创新效率要高于基于新产品销售收入计算的创新效率，这表明河北省技术开发的成果转化为经济效益时存在着很多的无效率因素，因此下一步我们要创新科技计划组织方式，产学研有效结合，建立多元化资金投入机制，同时积极发展完善技术市场，促进电子及通信设备业科技成果转化工作。

（6）京津冀三省市的电子及通信设备制造业发展并不平衡。以新产品销售收入为产出指标计算创新效率时，天津、北京的创新效率在全国平均水平之上，河北的创新效率在全国平均水平之下，但与平均水平差距在缩小。以专利申请数为产出指标计算创新效率时，只有北京在全国平均水平之上，天津、河北都在全国平均水平之下。因此，在京津冀协同发展战略指导下，三省市应坚持协同创新，做好分工，通过资源、技术及人才的共享，共同增强自主创新实力，以提升创新效率。

（7）从创新效率的影响因素来看，产业研发活动情况、产业规模对创新产出具有明显的正向影响，产业利润对创新产出具有不明显的正向影响，而政府支持则具有不明显的负向影响。

4.3.5 计算机及办公设备制造业

在中国计算机最初发展的20年间（1958~1978年），主要以军用、专用计算机研制为主，面向军工和科学计算的需要，围绕国家"两弹一星"等尖端武器研制。1979年3月，国务院决定成立国家电子计算机工业总局。国家电子计算机工业总局根据市场需求确立了优先发展微型计算机产品的重点方向，使中国计算机结束了长达20年的萌芽期，真正走上了产业化的道路。国家电子计算机工业总局及时组织主流系列计算机的研制与规模生产,并根据重点行业用户的需要,配以丰富的支撑与应用软件,将其广泛应用于国民经济各部门,服务于各行各业的发展。

2013年,我国相继出台《信息产业发展规划》《"宽带中国"战略及实施方案》和《国务院关于促进信息消费扩大内需的若干意见》等一系列产业促进政策,打造面向网络新应用的计算机产业,进一步增强计算机产业自主研发和工业设计能力;面向教育、医疗卫生、交通等重点领域,积极发展物美价廉的平板电脑等多种形态的新型上网终端产品;加快实施智能终端产业化工程。随着各项规划、战略的进一步落实和促进信息消费、扩大内需相关后续政策的不断出台,同时结合移动互联网、云计算、大数据等引发的新一轮信息技术服务创新及信息产品投资热潮,我国计算机制造业发展环境将持续向好。目前计算机及办公设备制造业主要集中在东部沿海少数几个地区,并随着产业的发展,形成了珠三角、长三角、环渤海三个该产业核心集聚区,并向周边地区辐射。

中国本土计算机制造业缺乏尖端核心技术,自主创新能力不足,对发达国家的核心技术与设备(包括芯片、操作系统、各类软件等)存在很强依赖性。但从中国四代计算机到各种类型计算机再到国产通用处理器,研发能力和创新能力不断提升,即中国本土计算机制造业的研发能力和创新能力不断提升,与发达国家的差距越来越小,这是毋庸置疑的。

计算机及办公设备制造业的研究对象包括:北京、天津、河北、辽宁、黑龙江、上海、江苏、浙江、安徽、福建、江西、山东、湖北、湖南、广东、重庆、云南17个省级区域。其余省份的数据缺失严重,分析中暂不涉及。

计算机及办公设备制造业相关变量的描述统计量如表4-22所示。

第4章 基于SFA模型的京津冀战略性新兴产业创新效率与人力资本关联度评价

表4-22　　变量描述性特征（计算机及办公设备制造业）

项　目	极小值	极大值	均值	均值标准误	标准差
新产品销售收入（万元）	3.00	27438472.00	3083417.80	538816.01	6283620.46
专利申请数（项）	0	7352.00	634.48	111.26	1297.52
研发人员（人）	1024.00	864419.00	97443.65	16429.94	191604.35
研发经费内部支出（万元）	30.00	574780.00	80353.29	10371.46	120950.92
有研发活动的企业数与企业总数的比例	0	1.00	0.28	0.02	0.19
利润总额（亿元）	-0.40	225.60	35.43	5.18	60.44
政府资金占研发经费内部支出的比例	0	1.00	0.08	0.01	0.16
从业人员年平均数（人）	1024.00	864419.00	97443.65	16429.94	191604.40

资料来源：根据《中国高技术产业统计年鉴》计算得出。

4.3.5.1 以新产品销售收入为产出变量的实证分析结果

如前所述，生产函数主要有柯布—道格拉斯生产函数和超越生产函数两种形式。生产函数的形式不能随便确定，而应根据客观的统计检验来决定选择使用哪种生产函数。

以电子及通信设备制造业的新产品销售收入为产出指标，运用软件FRONTIER4.1，超越生产函数的估算结果如表4-23所示。

表4-23　　　　　超越生产函数的估计结果

（以计算机及办公设备制造业的新产品销售收入为变量）

变量	系数	标准差	t-检验值
β_0	10.384***	1.635	6.349
β_1	0.394	0.825	0.477
β_2	-0.677	0.599	-1.131
β_3	0.779	0.759	1.026
β_4	0.606	0.390	1.554

续表

变量	系数	标准差	t - 检验值
β_5	-0.597	0.531	-1.124
σ^2	2.130*	1.099	1.937
γ	0.214	0.289	0.743
η	0.131*	0.017	2.136

注：*、*** 分别代表在 10%、1% 显著水平下具有统计显著性。

由表 4-23 可知，β_1、β_2、β_3、β_4、β_5 参数的 t 值均很小，未通过 t 检验，这已在一定程度上表明对本问题选用超越生产函数不恰当。

下面做进一步统计检验：

H_0：$\beta_3 = \beta_4 = \beta_5 = 0$，$H_1$：$\beta_3$，$\beta_4$，$\beta_5$ 不全为 0

$LR = -2[\text{Ln}L(H_0) - \text{Ln}L(H_1)] = 2.28$，而 LR 近似服从自由度为 3 的 χ^2 分布，而 $\chi^2_{0.05}(3) = 7.815$，故不能拒绝原假设。因此根据上述参数估计和统计检验结果表明，本问题不宜选用超越生产函数，而应该采用柯布—道格拉斯生产函数的随机前沿模型。

具体的柯布—道格拉斯生产函数形式的随机前沿模型详见"4.2.1 研究模型"，此略。

根据式 (4-3)、式 (4-5)，得到表 4-24 中待估参数的估计值及其相关检验结果，同时表 4-25 给出了基于新产品销售收入的计算机及办公设备制造业 2008~2015 年的创新效率水平估计结果。

表 4-24 随机前沿生产函数估计的参数结果

（计算机及办公设备制造业的新产品销售为变量）

变量	系数	标准差	t - 检验值
β_0	5.536***	0.776	7.136
β_1	0.208	0.168	1.234
β_2	0.707***	0.159	4.455
δ_0	19.003	3.309	8.493

第4章 基于SFA模型的京津冀战略性新兴产业创新效率与人力资本关联度评价

续表

变量	系数	标准差	t-检验值
δ_1	-0.247	0.268	-0.921
δ_2	-0.254*	0.136	-1.809
δ_3	-0.204	0.142	-1.441
δ_4	-4.501**	0.221	-2.035
σ^2	10.809	9.441	0.905
γ	0.915***	0.093	9.859
η	0.415*	0.025	1.715
对数似然函数值	-235.873	样本数	136
单边 LR 检验	25.174	创新平均效率	0.462

注：*、**、*** 分别代表在10%、5%、1%显著水平下具有统计显著性。LR 为似然比检验统计量，此处它服从混合卡方分布（mixed chi-squared distribution）。

从表4-24可知，$\gamma=0.915$，且在1%显著水平下具有统计显著性，说明式（4-3）中的误差项有着十分明显的复合结构，即研发投入在生产过程中存在着显著的效率损失，因此使用SFA技术对8年间的产业数据进行估计是完全有必要的。

式（4-3）和式（4-5）模型的实证结果如下。

（1）科技人员和研发经费的投入产出弹性。β_0、β_2 均通过了显著性检验，β_1 没有通过显著性检验。其中：$\beta_1=0.208$，表示研发人员投入每增加1%，会带来创新产出（新产品销售收入）增长0.208%；$\beta_2=0.707$，表示研发经费投入每增长1%，使创新产出（新产品销售收入）增长0.707%。这反映出在人员和资本要素的投入中，新产品销售收入对于研发经费投入的变化更敏感，资本在创新产出中的贡献程度要大于人员，即中国计算机及办公设备制造业创新产出的增加主要是科研经费拉动的。这可能与科技人员的质量、积极性等因素有关。因此，该行业在增加研发资本投入的同时，更应注重人力资本质量的提高以及良性科研环境的营造。

此外，通过 β_1 和 β_2 之和可以判断该行业规模报酬情况：β_1 和 β_2

之和小于1，表明我国计算机及办公设备制造业处于规模报酬递减阶段。这可能与我国计算机及办公设备制造企业规模过小，达不到企业所属行业要求的最低规模有关。

$\eta = 0.415 > 0$，表明我国计算机及办公设备制造业的无效率将随着时间的推移而加速下降，即技术创新效率呈上升趋势。

（2）不同地区的技术创新效率差异。从各省市2008~2015年的创新效率来看（见表4-25），江苏、广东、重庆3省市的创新效率处于高值区域，8年均值在0.6以上，其中江苏最高，达到0.718；黑龙江、安徽、河北3省的创新效率较低，8年均值在0.3以下，其中河北最低，只有0.245，相当于江苏的34.2%。这表明我国计算机及办公设备制造业区域发展存在不平衡。目前在我国的珠三角、长三角和环渤海地区，已经形成了IT产业的聚集效应，计算机及办公设备制造强省基本上就位于上述区域。有8个省份的年均创新效率在整体平均效率以下，占全部17个省级区域的47.1%，即该行业近一半省份的创新效率处在较低水平。这反映了该行业自主创新能力较弱、技术创新滞后的现实。

表4-25　　中国计算机及办公设备制造业创新效率

（以新产品销售收入为变量）

地区	2008年	2009年	2010年	2011年	2012年	2013年	2014年	2015年	平均效率
江苏	0.737	0.663	0.618	0.733	0.758	0.744	0.753	0.735	**0.718**
广东	0.686	0.593	0.725	0.725	0.709	0.705	0.697	0.599	**0.680**
重庆	0.319	0.361	0.615	0.842	0.822	0.699	0.757	0.749	**0.646**
上海	0.773	0.666	0.690	0.496	0.491	0.558	0.540	0.474	**0.586**
北京	0.616	0.595	0.603	0.591	0.578	0.581	0.558	0.528	**0.581**
山东	0.491	0.559	0.595	0.614	0.556	0.529	0.484	0.605	**0.554**
福建	0.655	0.581	0.567	0.595	0.530	0.491	0.476	0.470	**0.546**
云南	0.570	0.375	0.510	0.535	0.622	0.332	0.738	0.286	**0.496**
天津	0.518	0.456	0.519	0.510	0.396	0.404	0.611	0.494	**0.489**

第4章 基于SFA模型的京津冀战略性新兴产业创新效率与人力资本关联度评价

续表

地区	2008年	2009年	2010年	2011年	2012年	2013年	2014年	2015年	平均效率
浙江	0.441	0.402	0.412	0.449	0.406	0.500	0.517	0.504	0.454
辽宁	0.580	0.539	0.555	0.502	0.332	0.464	0.223	0.206	0.425
湖北	0.017	0.513	0.595	0.493	0.548	0.519	0.107	0.099	0.361
湖南	0.053	0.347	0.461	0.449	0.334	0.481	0.353	0.392	0.359
江西	0.006	0.183	0.546	0.634	0.216	0.327	0.388	0.408	0.339
黑龙江	0.578	0.213	0.482	0.393	0.426	0.038	0.064	0.047	0.280
安徽	0.178	0.196	0.165	0.185	0.357	0.142	0.201	0.594	0.252
河北	0.099	0.726	0.699	0.209	0.034	0.070	0.095	0.031	0.245
平均效率	0.430	0.469	0.550	0.527	0.477	0.446	0.445	0.455	0.462

注：表中最后一列平均效率中黑体字表示大于平均值的数。

资料来源：根据《中国高技术产业统计年鉴》计算得出。

（3）计算机及办公设备制造业技术创新效率变动的趋势。从我国计算机及办公设备制造业创新效率的动态发展来看（见图4-16），2008年以来该行业创新效率呈现先升后降的趋势。2008~2010年创新效率直线上升，在2010年达到最高点后，逐渐下降。这可能是由于以信息化带动工业化的国家发展战略及扶持政策（出

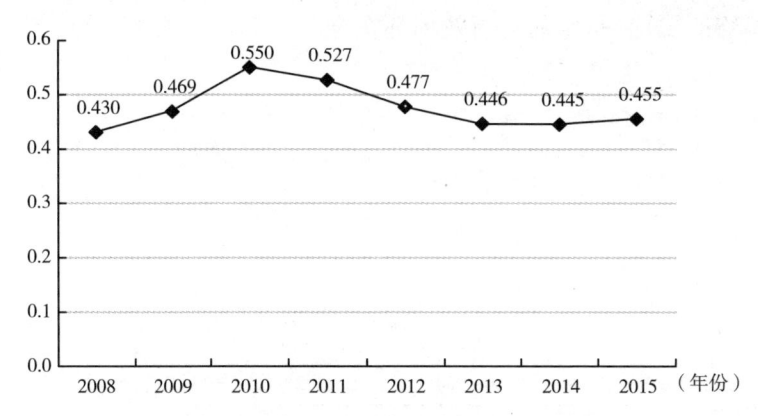

图4-16 中国计算机及办公设备制造业创新效率
（以新产品销售收入为变量）

资料来源：根据《中国高技术产业统计年鉴》计算得出。

口退税），以及强大的社会内需拉动IT市场稳定增长等因素的影响。此外，2011年爆发的欧债危机对世界各国及我国的经济产生明显的负面影响，其后全球经济复苏缓慢，导致国内外计算机总体市场需求持续低迷，这可能使2011年后创新效率不断下滑。

（4）京津冀计算机及办公设备制造业技术创新效率的比较。2008～2015年，河北省的8年平均创新效率为0.245，排在最后一位，约为全国平均效率0.462的一半；与排名第一的江苏相比，相差0.473，河北的创新效率仅为江苏的34.2%。由上可知，我省计算机及办公设备制造业在创新效率上与其他先进省区相比，差距较大，与全国平均水平也有不小差距。这表明我省电子及通信设备制造业发展相对滞后。这可能与我省缺乏大型企业，自主创新能力不高，缺少核心技术以及研发人员、资金投入不足等因素有关。

由表4-25和图4-17可知，2008～2015年京津冀三省市的计算机及办公设备制造业相比：北京8年间的平均创新效率为0.581，每年的创新效率都稳定在0.5～0.65之间，高于全国平均水平；天津8年间的平均创新效率为0.489，低于北京，2013年之前（除2008年之外）每年的创新效率都在全国平均水平之下，2014年以

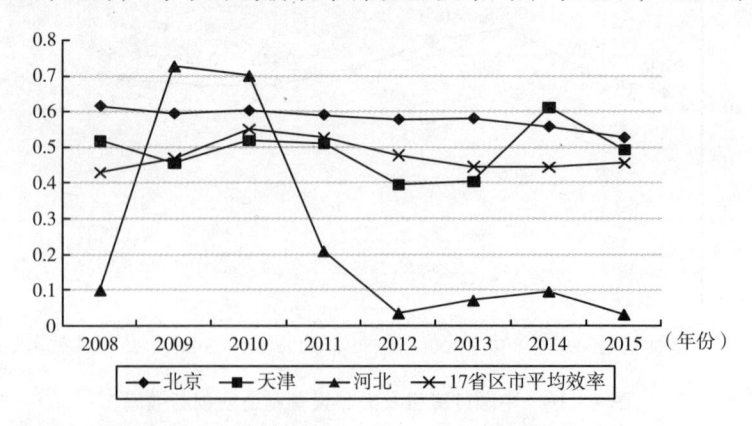

图4-17 京津冀计算机及办公设备制造业创新效率

资料来源：根据《中国高技术产业统计年鉴》计算得出。

第4章 基于SFA模型的京津冀战略性新兴产业创新效率与人力资本关联度评价

后高于全国平均水平，基本围绕全国平均水平在上下波动；河北8年间的平均创新效率为0.245，与北京、天津相差较多，除2009年、2010年外其余各年的创新效率比全国平均水平低很多，是三省市中创新效率最低的省区。

从走势来看，8年间北京的创新效率一直围绕0.6上下波动，平稳中略有下滑。天津的创新效率围绕全国平均水平上下波动。河北起点较低，波动非常剧烈，呈现"几"字形状；2009~2010年急速上升，甚至超过了北京；2011~2012年开始又剧烈下降至最低点；2013~2015年比较稳定。这可能与河北省计算机及办公设备制造业市场波动以及研发投入连续性较差等因素有关。

（5）影响创新效率的因素分析。从创新效率的影响因素来看，δ_2、δ_4通过了显著性检验。其中，δ_2为负，表明产业利润对创新产出具有明显的正向影响。产业越能够盈利，越有实力抵御研发风险，组建产学研创新联盟以进行研发活动。利润较低的行业用于研发的财力显然是不足的，从而很难更多地催生出创新。

δ_4为负，表明产业规模对创新产出有着显著的正向影响，即从业人员越多，越有利于技术开发。产业规模越大，越有可能产生规模经济。此外，从业人员越多，就越有可能聚集到足够多的技术人才，从而有利于进行科技创新。这与卫洁、肖仁桥、韩晶等学者的研究成果是一致的。

δ_1、δ_3没有通过显著性检验。其中，δ_1为负，表明产业研发活动情况对创新产出具有不明显的正向影响。计算机及办公设备制造业是典型的资金密集型、技术密集型行业，受全球经济形势的影响，欧美等成熟市场的计算机销量不断萎缩，亚太、非洲等新兴市场的需求也趋于饱和，企业面临着严酷的技术更新与产品竞争，这就必然促使企业积极开展技术创新、业务转型以及产品结构调整。创新效率最高的江苏，2011~2015年间有研发活动的企业占企业总数的比重为39%，即约2/5的企业开展了研发活动。而创新效率较低的河北，5年间有研发活动的企业所占比重仅为23%。数据比较表明，开展研发活动的企业数量与地区创新效率之间存在着一定关系。

δ_3为负，表明政府支持对创新产出有着不明显的正向影响，即政府资助研发活动的经费越多，企业的研发积极性越高，越有利于技术研发。政府的直接资金支持增加了企业研发经费，分散了企业的创新风险，从而激励企业积极进行研发活动，即对企业创新产生了"激励效应"。这与国内外部分学者的研究结果是一致的。

4.3.5.2 以专利申请数为产出变量的实证分析结果

如前所述，生产函数主要有柯布—道格拉斯生产函数和超越生产函数两种形式。生产函数的形式不能随便确定，而应根据客观的统计检验来决定选择使用哪种生产函数。

以计算机及办公设备制造业的专利申请数为产出指标，运用软件Frontier4.1，超越生产函数的估算结果见表4-26。

表4-26　　　　超越生产函数的估计结果
（以计算机及办公设备制造业的专利申请数为变量）

变量	系数	标准差	t-检验值
β_0	2.882*	1.754	-1.643
β_1	1.049	0.626	1.616
β_2	-1.179**	0.565	-2.086
β_3	-0.003	0.276	-0.012
β_4	0.269	0.184	1.462
β_5	-0.093	0.222	-0.419
σ^2	1.692	2.286	0.740
γ	0.540	0.625	0.865
η	0.114**	0.054	2.128

注：*、**分别代表在1%、5%显著水平下具有统计显著性。

第4章 基于SFA模型的京津冀战略性新兴产业创新效率与人力资本关联度评价

由表4-26可知，β_1、β_3、β_4、β_5参数的t值均很小，未通过t检验，只有β_2通过5%显著性检验，这已在一定程度上表明对本问题选用超越生产函数不恰当。

下面做进一步统计检验：

$H_0: \beta_3 = \beta_4 = \beta_5 = 0$，$H_1: \beta_3, \beta_4, \beta_5$不全为0

$LR = -2[\text{Ln}L(H_0) - \text{Ln}L(H_1)] = 0.17$，而$LR$近似服从自由度为3的$\chi^2$分布，而$\chi^2_{0.05}(3) = 7.815$，故不能拒绝原假设。因此根据上述参数估计和统计检验结果表明，本问题不宜选用超越生产函数，而应该采用柯布—道格拉斯生产函数的随机前沿模型。

具体的柯布—道格拉斯生产函数形式的随机前沿模型详见"4.2.1研究模型"，此处略。

根据式（4-4）、式（4-6），得到表4-27中待估参数的估计值及其相关检验结果，同时表4-28给出了基于专利申请数的我国计算机及办公设备制造业2008~2015年的创新效率水平估计结果。

表4-27　　　随机前沿生产函数估计的参数结果

（以计算机及办公设备制造业的专利申请数为变量）

变量	系数	标准差	t-检验值
β_0	-1.379***	0.492	-2.806
β_1	0.184	0.129	1.425
β_2	0.596***	0.105	5.660
δ_0	7.838**	3.636	2.156
δ_1	-0.103	0.113	-0.912
δ_2	-0.148	0.099	-1.491
δ_3	-2.368	0.073	-0.323
δ_4	-0.983*	0.576	-1.706
σ^2	3.724*	2.054	1.813
γ	0.906***	0.054	16.907

人力资本对京津冀战略性新兴产业创新绩效贡献研究

续表

变量	系数	标准差	t - 检验值
η	0.075*	0.042	1.809
对数似然函数值	-193.473	样本数	136
单边 LR 检验	34.368	创新平均效率	0.473

注：*、**、*** 分别代表在10%、5%、1%显著水平下具有统计显著性。LR 为似然比检验统计量，此处它服从混合卡方分布（mixed chi-squared distribution）。

从表4-27可知，$\gamma = 0.906$，且在1%显著水平下具有统计显著性，说明式（4-4）中的误差项有着十分明显的复合结构，使用SFA技术对数据进行估计是合理的。

式（4-4）和式（4-6）模型的实证结果如下：

（1）科技人员和研发经费的投入产出弹性。β_0、β_2 均通过了显著性检验，β_1 没有通过显著性检验。其中：$\beta_1 = 0.184$，表示研发人员投入每增加1%，会带来创新产出（专利申请数）增长0.184%；$\beta_2 = 0.596$，表示研发经费投入每增长1%，使创新产出（专利申请数）增长0.596%。这反映出在人员和资本要素的投入中，专利申请数量对于研发经费投入的变化更敏感，人员在创新产出中的贡献程度要小于资本。这与前文的研究结论（以新产品销售收入为产出指标）是一致的。这可能与科技人员素质、积极性以及资本收益率较高等问题有关。因此，要提高计算机及办公设备制造业的专利产出水平，必须在增加研发资本投入的同时，继续加大对核心高端技术人才的投入，改善科研环境，切实提高科技人员的积极性及创造性。

此外，通过 β_1 和 β_2 之和可以判断该行业规模报酬情况：β_1 和 β_2 之和小于1，表明我国计算机及办公设备制造业处于规模报酬递减阶段。这与我国计算机及办公设备制造企业数量多但规模相对较小，达不到规模经济的最低要求有关。

$\eta = 0.075 > 0$，表明我国计算机及办公设备制造业的无效率将

第4章 基于SFA模型的京津冀战略性新兴产业创新效率与人力资本关联度评价

随着时间的推移而加速下降,即技术创新效率呈上升趋势。

(2) 不同地区的技术创新效率差异。从各省区市历年创新效率来看(见表4-28),北京、广东、山东、浙江、江苏5省市的创新效率处于高值区域,8年均值在0.6以上,其中北京最高,达到0.723;湖北、黑龙江2省的创新效率较低,8年平均创新效率不足0.2。黑龙江的创新效率最低,只有0.175,与北京相差0.548,黑龙江的创新效率仅相当于北京的24.2%,这表明我国计算机及办公设备制造业区域发展不平衡。东部沿海经济发达地区以高技术产业园区为依托,已经形成了庞大的IT产业集群;个别中部省份如湖南、江西在国家扶持政策刺激下也得到了快速发展。总体上,各省创新效率的情况基本符合目前我国该行业的发展现状。

表4-28　　中国计算机及办公设备制造业创新效率

(以专利申请数为变量)

地区	2008年	2009年	2010年	2011年	2012年	2013年	2014年	2015年	平均效率
北京	0.762	0.595	0.520	0.684	0.791	0.809	0.820	0.802	**0.723**
广东	0.655	0.026	0.810	0.824	0.750	0.807	0.785	0.727	**0.673**
山东	0.493	0.684	0.702	0.629	0.607	0.649	0.714	0.749	**0.653**
浙江	0.611	0.724	0.637	0.626	0.592	0.628	0.617	0.647	**0.635**
江苏	0.591	0.617	0.696	0.498	0.572	0.612	0.667	0.554	**0.601**
湖南	0.036	0.680	0.636	0.763	0.548	0.618	0.554	0.512	**0.543**
江西	0.231	0.629	0.547	0.678	0.500	0.393	0.536	0.608	**0.515**
福建	0.311	0.531	0.620	0.486	0.537	0.454	0.448	0.532	**0.490**
安徽	0.548	0.252	0.195	0.379	0.700	0.622	0.571	0.650	**0.490**
上海	0.027	0.370	0.291	0.454	0.614	0.739	0.730	0.617	**0.480**
河北	0.054	0.815	0.081	0.723	0.480	0.641	0.633	0.392	**0.477**
辽宁	0.661	0.505	0.134	0.641	0.363	0.634	0.464	0.312	0.464
天津	0.193	0.490	0.598	0.801	0.524	0.459	0.338	0.178	0.448
云南	0.091	0.375	0.228	0.244	0.386	0.193	0.039	0.172	0.216
重庆	0.023	0.263	0.017	0.592	0.146	0.062	0.162	0.365	0.204

续表

地区	2008年	2009年	2010年	2011年	2012年	2013年	2014年	2015年	平均效率
湖北	0.121	0.215	0.072	0.079	0.270	0.310	0.303	0.199	0.196
黑龙江	0.177	0.174	0.174	0.040	0.405	0.013	0.368	0.047	0.175
平均效率	0.329	0.467	0.409	0.538	0.517	0.508	0.515	0.474	0.473

资料来源：根据《中国高技术产业统计年鉴》计算得出。

有6个省市的年均创新效率在整体平均效率以下，占全部17个省级区域的35%，近2/3省区的创新效率处于全国平均水平以上，表明我国计算机及办公设备制造业的整体创新效率还是相对较高的。这与该行业对外开放度较高、积极参与国际竞争及自身实力（人员、资金等）较强有关。

比较两种方式计算的创新效率，有8个省份以专利申请数为产出指标的创新效率高于以新产品销售收入为产出指标的创新效率。浙江、湖南、江西、安徽等省市两者之间的差距较大，如安徽，前者比后者高0.238，这表明近50%的省份技术成果市场化存在一定问题，因此要进一步完善技术市场，加强产学研合作，促进科技成果转化工作。

江苏、广东、上海、福建、天津、重庆6省市研发的转化效率较高，可能是经济发达、市场需求旺盛加速了技术成果的市场化；而云南、湖北、黑龙江3省份研发转化效率低，则可能是经济基础较差、研发投入不足、专利意识较差、专利工作相对落后的原因造成的。因此必须要加强政府对知识产权的领导和组织建设，积极营造良好的政策环境和有效的激励机制，保护和鼓励企业从事发明创造活动的积极性；企业要加大研发投入，增强知识产权保护和专利意识，加强专利开发及管理工作。

（3）计算机及办公设备制造业技术创新效率变动的趋势。从我国计算机及办公设备制造业创新效率的动态发展来看（见图4－18），2008~2015年该行业总体创新效率呈波动上升趋势，增长比

第4章 基于SFA模型的京津冀战略性新兴产业创新效率与人力资本关联度评价

较明显。这可能源于国内社会需求旺盛及国家两化（信息化、工业化）发展战略等因素的影响。

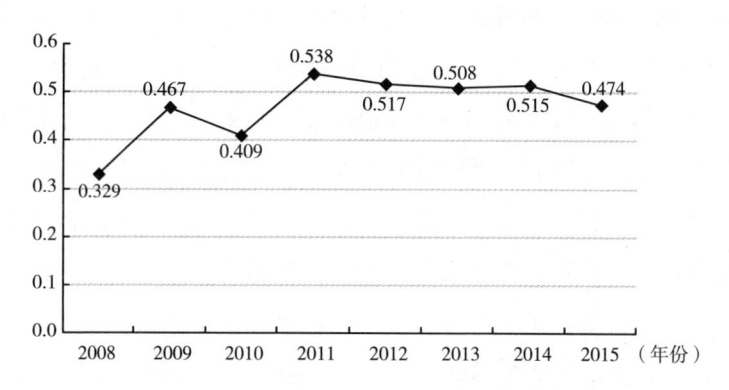

图 4-18 中国计算机及办公设备制造业创新效率
（以专利申请数为变量）

资料来源：根据《中国高技术产业统计年鉴》计算得出。

（4）京津冀计算机及办公设备制造业技术创新效率的比较。2008~2015年，河北省8年平均创新效率为0.477，排在第11位，略高于全国平均水平，处于中等位置。与排名第一的北京相比，相差较大，河北的创新效率仅相当于北京的66%。综上，就创新效率而言，河北省计算机及办公设备制造业相对创新效率处于中间层次，与先进省市还是有一定差距的。河北省依托高新技术产业基地和高新区，通过组织实施高新技术产业重点示范项目，计算机及办公设备制造业得到一定发展，规模不断扩大，但利润薄弱，核心技术缺乏，其主要原因就在于在产品设计研发上缺乏自主创新能力，大部分企业仍然处于由外国企业提供主要核心技术及零配件而自身负责简单加工组装部分的阶段。在河北省5大细分行业中，该行业发展最为落后，经济总量与京津、珠三角、长三角等经济发达区域的差距巨大。下一步在继续提高创新效率的同时，要在增加经济总量上下功夫。

由图4-19可知，河北省计算机及办公设备制造业基于新产品销售收入计算的创新效率表现为"几"字形，2009~2010年为高峰时期，2012~2015年为稳定的低谷时期。基于专利计算的创新效率则表现得很不规则，2012年之前波动剧烈，呈M形，2012年之后则呈倒U形。总体来看，除2008年、2010年外，基于专利计算的创新效率要高于基于新产品销售收入计算的创新效率，尤其从2011年开始，前者与后者的差距非常大，这表明河北省计算机及办公设备制造业的技术成果市场化存在较大的问题。下一步，应该着重于技术市场的建设，鼓励企业、高校、科研机构等单位积极开展成果转化活动；支持产学研深度合作，以推动科技成果转化工作。

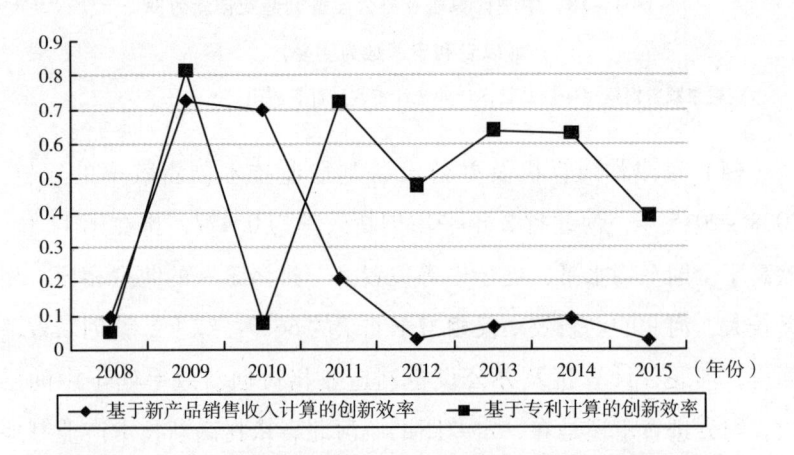

图4-19 河北省计算机及办公设备制造业两种产出计算的创新效率
资料来源：根据《中国高技术产业统计年鉴》计算得出。

由表4-28和图4-20可知，2008~2015年，京津冀三省市的计算机及办公设备制造业相比：北京8年间的平均创新效率为0.723，始终远高于全国平均水平；天津8年间的平均创新效率分别为0.448，波动较大，处在全国平均水平之下，但与全国平均水平（0.473）相差不大；河北8年间的平均创新效率为0.477，略高于全国平均水平，但是波动非常剧烈。

第4章　基于SFA模型的京津冀战略性新兴产业创新效率与人力资本关联度评价

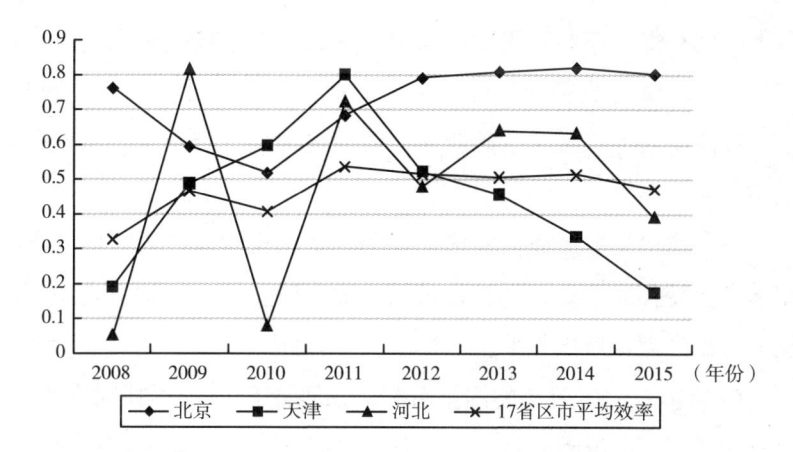

图4-20　京津冀计算机及办公设备制造业创新效率

资料来源：根据《中国高技术产业统计年鉴》计算得出。

从走势来看，北京2008～2010年每年的创新效率均在下降，从2010年开始持续上升。天津2008～2015年间创新效率呈现倒U形状，2011年为最高点，此后一直在下降。河北年度创新效率表现得很不规则，2012年之前波动剧烈，呈M形，2012年之后则呈倒U形。

之所以会出现上述情况，原因可能在于三省市原先基础及在研发投入及产出上的差距。从研发投入来看，北京2008年人均研发经费为40.3万元，2015年人均研发经费增长到86.6万元，增长了1.1倍；天津的人均研发经费由2008年的75.4万元，下降到2013年的10.9万元，而后缓慢增加到2015年的39.8万元，前后相比减少了47.2%；河北的人均研发经费由2008年的7.8万元，增加到2012年的18.5万元，而后下降到2015年的5万元。与北京、天津相比，河北的研发投入严重不足。从创新产出来看，北京2008～2015年每百人申请专利数量由65件持续增长到143件，天津每百人申请专利数量由10件最高增长到127件，到2015年又下降到4件，河北情况与天津相似，先由1件最高增加到109件，到2015年又下降到6件；在此过程中，天津、河北两省市波动很大。综合比较显示，北京行业基础较好，发展平稳；天津行业基础也比较好，但内部波动较大；河北基础较差，波动也很大，与全国平均水平的差距在逐渐缩小。

京津冀协同发展战略实施后，河北要积极构建平台，做好承接京津产业转移的工作；要抓住机遇，加大研发投入，增强自主创新能力，提升创新产出水平。

（5）影响创新效率的因素分析。从创新效率的影响因素来看，只有δ_4通过了显著性检验。δ_4为负，表明产业规模对创新产出有着显著的正向影响，即从业人员越多，越有利于技术开发。从业人员越多，就越有可能聚集大量高端技术人才，包括核心关键人员，进而产生人才聚集效应，从而催生科技创新。这与肖仁桥等学者的研究成果是一致的。

δ_1、δ_2、δ_3没有通过显著性检验。其中，δ_1为负，表明产业研发活动情况对创新产出具有不明显的正向影响。创新效率最高的北京，2011～2015年间有研发活动的企业占企业总数的比重为45.6%，即近一半的企业开展了研发活动。而创新效率较低的湖北，5年间有研发活动的企业所占比重仅为30.9%。这也反映出产业研发活动情况与创新效率有关。

δ_2为负，表明产业利润对创新产出具有不明显的正向影响。现代意义上的创新离不开产学研多方合作，需要投入大量的研发经费，而产业越能够盈利，越有雄厚的实力进行研发活动，从而催生出更多创新。

δ_3为负，表明政府支持对创新产出有着不明显的正向影响，即政府资助研发活动的经费越多，越有利于技术研发。因为研发经费多能分散企业的创新风险，从而激励企业积极进行研发活动，即对企业创新产生"激励效应"。

第4章　基于SFA模型的京津冀战略性新兴产业创新效率与人力资本关联度评价

上述影响因素的分析与前文基于新产品销售收入计算创新效率的研究结论基本一致。

4.3.5.3　小结

本部分运用随机前沿分析方法，研究了我国17个省市计算机及办公设备制造业的技术创新效率，重点对河北省及北京、天津计算机及办公设备制造业创新效率进行了比较分析，并探讨了影响创新效率的因素。结论如下：

（1）在人员和资本要素的投入中，相对于科技人员，研发费用的投入对于创新产出的影响更大。这反映在创新产出的增长中，研发经费投入的贡献高于科技人员的贡献。中国计算机及办公设备制造业创新产出的增加主要是科研经费拉动的。同时，研发投入的弹性系数（β_1和β_2之和）小于1，说明我国计算机及办公设备制造业的研发活动没有达到规模经济。这与产业规模相对偏小，原材料及能源成本上涨等因素有关。

（2）我国计算机及办公设备制造业的创新效率存在区域不平衡。该产业主要分布在珠三角、长三角以及环渤海地区，如广东、江苏、北京、浙江等区域，这些区域经济发达、市场化水平较高，人才、资金聚集，技术创新具备了相应的条件。

（3）比较两种方式计算的创新效率，有8个省市以专利申请数为产出指标的创新效率高于以新产品销售收入为产出指标的创新效率，这表明近一半的省市技术成果市场化存在一定问题，因此需要产学研合作，面向市场进行研发；同时发展完善技术成果交易市场，切实促进研发成果转化。部分省市研发的转化效率较高，可能与市场需求繁荣及专利工作相对较好等因素有关。

（4）我国计算机及办公设备制造业的创新效率呈上升趋势。这与计算机及办公设备业市场化程度较高、积极参与国际竞争有关。

(5) 河北省计算机及办公设备制造业的创新效率处于中间层次，与先进省市还是有一定差距的。基于新产品销售收入计算的创新效率表现为"几"字形状；基于专利计算的创新效率则表现得很不规则，先为 M 形，后为倒 U 形。总体来看，基于专利计算的创新效率要高于基于新产品销售收入计算的创新效率，且差距较大，这表明技术成果市场化方面存在较大的问题。因此，应采取措施重点解决科技成果转化问题。

(6) 京津冀三省市计算机及办公设备制造业发展并不平衡。相对而言，北京、天津行业基础较好，创新效率也较高；而河北行业基础较差，创新效率与前两者相差较多。这可能是河北省产业规模偏小、产业链较短、集群优势不强、创新能力薄弱等因素导致的。因此，河北省应加大政策扶持力度，积极发展完善市场体系；吸引、培养高端技术人才，加大研发经费投入；推动产业集群发展，发挥产业聚集效应。

(7) 从创新效率的影响因素来看，产业研发活动情况、产业利润、政府支持、产业规模对创新产出都具有正向影响，只是在影响程度是否显著上存在一定的不同。

4.3.6 医疗仪器设备及仪器仪表制造业

医疗设备是医学事业和健康产业发展的重要物质基础，是国家科技创新能力的重要标志。近年来，我国医学装备市场规模迅猛增长。中国医学装备协会的统计数据显示，截至 2016 年底，市场规模已达 5800 亿元，预计到 2020 年，市场规模将突破 8000 亿元。但是，我国高端医疗设备 80% 以上依赖进口，核心技术、材料或核心部件多数被国外公司垄断。

2014 年 8 月 16 日，国家卫生计生委、工信部联合召开推进国

第 4 章　基于 SFA 模型的京津冀战略性新兴产业创新效率与人力资本关联度评价

产医疗设备发展应用会议,明确要推进国产医疗设备产业转型升级,以企业为创新主体,打造产学研医协同创新平台,突破一批关键医疗设备和核心部件,显著提升国产医疗设备的产业化能力和质量水平。此后,国家相继出台《中国制造2025》《"健康中国2030"规划纲要》《"十三五"国家战略性新兴产业发展规划》《国务院办公厅关于促进医药产业健康发展的指导意见》等,加快发展国产医疗设备成为国家的重要战略。

随着国家相关扶持政策的落实和国内企业在技术创新上的集中发力,中国在高端医疗设备制造领域陆续取得了一些突破性进展,一批核心设备和关键零部件实现了国产化。尽管本土企业在高端医疗设备研发上取得了一定进步,但同国外知名企业相比,国内企业在研发资金、人才培养、市场份额上还存在一定差距,国内企业自主创新仍然任重道远。

仪器仪表制造业是为国民经济各部门以及基础设施建设提供精密专业检测装备的先进制造业,通常应用于电力监测、建筑测量以及专用设备监控等领域,是自动化智能制造领域发展的关键行业。随着科技的发展,对仪器仪表监测的精确度及稳定性的要求也逐渐提高,仪器仪表行业面临着新的发展时期。

2011年《仪器仪表行业"十二五"发展规划》出台。"十二五"期间,我国仪器仪表行业将主要围绕国家重大工程、战略性新兴产业和民生领域的需求,加快发展先进自动控制系统、大型精密测试设备、新型仪器仪表及传感器三大重点。目前,物联网、智能电网等新技术快速发展,食品、药品安全等领域的需求也受到高度关注,国家对能源利用、环境保护提出了更严格的要求,经济发展环境正在发生变化,这些都为仪器仪表行业提供了广阔的市场和新的发展机会。同时,由于国内企业在功能安全技术和安全仪表系统、无线传感器网络和无线仪表、生物集成微流路片等新技术和高端产品上刚刚起步，缺少技术储备，技术水平与国外的差距很大，行业面临着新的挑战。

在这种背景下，我们研究医疗仪器设备及仪器仪表制造业（简称医疗设备及仪器仪表制造业）的创新效率具有十分重要的意义。

医疗设备及仪器仪表制造业的研究对象包括：北京、天津、河北、山西、辽宁、吉林、黑龙江、上海、江苏、浙江、安徽、福建、江西、山东、河南、湖北、湖南、广东、广西、重庆、四川、贵州、云南、陕西、宁夏25个省级区域。其余省份的数据缺失严重，分析中暂不涉及。

医疗设备及仪器仪表制造业相关变量的描述统计量如表4-29所示。

表4-29 变量描述性特征（医疗设备及仪器仪表制造业）

项 目	极小值	极大值	均值	均值标准误	标准差
新产品销售收入（万元）	2038.00	7573889.00	544926.54	77608.07	1097543.78
专利申请数（项）	0	9721.00	669.10	88.91	1257.35
研发人员（人）	16.00	28093.00	3271.01	345.64	4888.02
研发经费内部支出（万元）	150.00	625015.00	55911.25	6938.07	98119.14
有研发活动的企业数与企业总数的比例	0.01	0.73	0.31	0.01	0.17
利润总额（亿元）	-2.20	339.10	26.33	3.39	47.98
政府资金占研发经费内部支出的比例	0	1.00	0.10	0.01	0.13
从业人员年平均数（人）	565.00	301148.00	40885.33	4031.68	57016.51

资料来源：根据《中国高技术产业统计年鉴》计算得出。

4.3.6.1 以新产品销售收入为产出变量的实证分析结果

如前所述，生产函数主要有柯布—道格拉斯生产函数和超越生

第4章 基于SFA模型的京津冀战略性新兴产业创新效率与人力资本关联度评价

产函数两种形式。生产函数的形式不能随便确定,而应根据客观的统计检验来决定选择使用哪种生产函数。

以医疗设备及仪器仪表制造业的新产品销售收入为产出指标,运用软件FRONTIER4.1,超越生产函数的估算结果如表4-30所示。

表4-30　　　　　超越生产函数的估计结果

(以医疗设备及仪器仪表制造业的新产品销售收入为变量)

变量	系数	标准差	t-检验值
β_0	6.697***	1.838	3.644
β_1	-1.595***	0.586	-2.721
β_2	1.493***	0.533	2.799
β_3	0.152	0.336	0.454
β_4	-0.174	0.214	-0.813
β_5	0.098	0.264	0.371
σ^2	0.533***	0.111	4.819
γ	0.172	0.162	1.062
η	0.103	0.011	1.516

注:***代表在1%显著水平下具有统计显著性。

由表4-30可知,β_3、β_4、β_5参数的t值均很小,未通过t检验,这已在一定程度上表明对本问题选用超越生产函数不恰当。

下面做进一步统计检验:

$H_0: \beta_3 = \beta_4 = \beta_5 = 0$,$H_1: \beta_3, \beta_4, \beta_5$不全为0

$LR = -2[\mathrm{Ln}L(H_0) - \mathrm{Ln}L(H_1)] = 2.226$,而$LR$近似服从自由度为3的$\chi^2$分布,而$\chi^2_{0.05}(3) = 7.815$,故不能拒绝原假设。因此根据上述参数估计和统计检验结果表明,本问题不宜选用超越生产函数,而应该采用柯布—道格拉斯生产函数的随机前沿模型。

具体的柯布—道格拉斯生产函数形式的随机前沿模型详见"4.2.1研究模型",此略。

根据式 (4-3)、式 (4-5),得到表 4-31 中待估计参数的估计值及其相关检验结果,同时表 4-32 给出了基于新产品销售收入的医疗设备及仪器仪表制造业 2008~2015 年的创新效率水平估计结果。

表 4-31　　　　　随机前沿生产函数估计的参数结果

变量	系数	标准差	t-检验值
β_0	3.772***	0.421	8.961
β_1	0.118	0.103	1.139
β_2	0.791***	0.096	8.218
δ_0	8.988**	3.943	2.280
δ_1	-0.379	0.598	0.634
δ_2	-0.034	0.124	-0.273
δ_3	1.740	1.417	1.228
δ_4	-1.049**	0.491	-2.136
σ^2	0.336*	0.185	1.819
γ	0.908***	0.045	20.361
η	0.037*	0.029	1.726
对数似然函数值	-207.782	样本数	200
单边 LR 检验	33.762	创新平均效率	0.699

注:*、**、***分别代表在 10%、5%、1% 显著水平下具有统计显著性。LR 为似然比检验统计量,此处它服从混合卡方分布 (mixed chi-squared distribution)。

从表 4-31 可知,$\gamma=0.908$,且在 1% 显著水平下具有统计显著性,说明式 (4-3) 中的误差项有着十分明显的复合结构,即研发投入在生产过程中存在着显著的效率损失,因此使用 SFA 技术对产业数据进行估计是完全有必要的。

式 (4-3) 和式 (4-5) 模型的实证结果如下。

(1) 科技人员和研发经费的投入产出弹性。β_0、β_2 均通过了显著性检验,β_1 没有通过显著性检验。其中:$\beta_1=0.118$,表示研发人员投入每增加 1%,创新产出(新产品销售收入)增长 0.118%;$\beta_2=0.791$,表示研发经费投入每增长 1%,创新产出(新产品销售

第4章 基于 SFA 模型的京津冀战略性新兴产业创新效率与人力资本关联度评价

收入）增长 0.791%。这反映出在人员和资本要素的投入中，新产品销售收入对于研发经费投入的变化更敏感，资本在创新产出中的贡献程度要大于人员，即我国医疗设备及仪器仪表制造业创新产出的增加主要是科研经费拉动的。这可能与研发人员质量、积极性以及人员与资本匹配有关。因此，我国在增加资本投入的同时，更应注重人力资本质量的提高。

此外，通过 β_1 和 β_2 之和可以判断该行业规模报酬情况：β_1 和 β_2 之和小于 1，表明我国医疗设备及仪器仪表制造业目前处于规模报酬递减阶段，这与医疗设备及仪器仪表企业数量较多，规模偏小，产业集中度水平较低的现状相符。

$\eta = 0.037 > 0$，表明各省、市、自治区的无效率将随着时间的推移而加速下降，即技术创新效率呈上升趋势。

（2）不同地区的创新效率差异。从各省市 2008～2015 年创新效率来看（见表 4-32），江苏、浙江、湖南 3 省的创新效率处于高值区域，8 年均值在 0.8 以上，其中江苏最高，达到 0.836；广西、陕西、宁夏、黑龙江 4 省区的创新效率较低，8 年平均创新效率不足 0.6。黑龙江的创新效率最低，只有 0.563，相当于江苏省创新效率的 67.3%，这表明我国医疗设备及仪器仪表制造业区域发展不平衡。这与该行业的地域分布情况基本相符。我国医疗设备及仪器仪表制造业的分布具有明显的地域特征，主要集中在东部沿海省份，特别是长江三角洲经济地带（江苏、浙江和上海），而中西部地区占有的份额很少。

有 11 个省份的年均创新效率在整体平均效率以下，占全部 25 个省级区域的 44%。各省份年均创新效率在 0.56～0.84 之间，56% 的省份年均创新效率在全国平均效率 0.699 以上，这反映该行业的创新效率整体上处于相对较高层次。这与该行业市场化程度较高及行业自身综合实力（人员、资金等）较强有关。

表 4-32　　中国医疗设备及仪器仪表制造业创新效率
（以新产品销售收入为变量）

地区	2008 年	2009 年	2010 年	2011 年	2012 年	2013 年	2014 年	2015 年	平均效率
江苏	0.824	0.839	0.821	0.833	0.834	0.836	0.847	0.852	**0.836**
浙江	0.824	0.811	0.860	0.846	0.824	0.837	0.832	0.844	**0.835**
湖南	0.624	0.711	0.871	0.849	0.842	0.841	0.833	0.833	**0.801**
北京	0.731	0.830	0.734	0.814	0.802	0.754	0.778	0.793	**0.780**
山东	0.786	0.761	0.791	0.751	0.777	0.766	0.762	0.758	**0.769**
河南	0.730	0.730	0.808	0.748	0.715	0.799	0.799	0.748	**0.760**
湖北	0.793	0.841	0.765	0.684	0.680	0.733	0.784	0.790	**0.759**
广东	0.734	0.725	0.777	0.716	0.798	0.780	0.774	0.761	**0.758**
上海	0.832	0.797	0.852	0.796	0.725	0.678	0.701	0.684	**0.758**
四川	0.372	0.775	0.777	0.924	0.799	0.741	0.742	0.843	**0.747**
河北	0.681	0.707	0.652	0.753	0.733	0.729	0.709	0.706	**0.709**
辽宁	0.870	0.809	0.757	0.673	0.656	0.579	0.668	0.653	**0.708**
天津	0.819	0.721	0.897	0.704	0.714	0.696	0.643	0.461	**0.707**
重庆	0.723	0.809	0.764	0.792	0.804	0.793	0.802	0.163	**0.706**
安徽	0.587	0.604	0.417	0.747	0.868	0.728	0.778	0.800	0.691
江西	0.800	0.535	0.790	0.697	0.520	0.618	0.740	0.786	0.686
贵州	0.577	0.225	0.589	0.754	0.813	0.675	0.861	0.877	0.671
山西	0.600	0.401	0.879	0.771	0.756	0.298	0.766	0.689	0.645
云南	0.631	0.614	0.327	0.692	0.738	0.658	0.834	0.602	0.637
福建	0.764	0.561	0.512	0.693	0.651	0.644	0.619	0.604	0.631
吉林	0.589	0.861	0.792	0.515	0.510	0.462	0.569	0.515	0.602
广西	0.504	0.614	0.463	0.592	0.591	0.637	0.712	0.616	0.591
陕西	0.658	0.723	0.610	0.588	0.749	0.450	0.417	0.477	0.584
宁夏	0.437	0.630	0.119	0.696	0.684	0.559	0.672	0.745	0.568
黑龙江	0.662	0.702	0.608	0.634	0.634	0.615	0.332	0.319	0.563
平均效率	0.686	0.693	0.689	0.730	0.729	0.676	0.719	0.677	0.699

注：表中最后一列平均效率中黑体字表示大于平均值的数。
资料来源：根据《中国高技术产业统计年鉴》计算得出。

第4章 基于 SFA 模型的京津冀战略性新兴产业创新效率与人力资本关联度评价

（3）医疗设备及仪器仪表制造业创新效率变动的趋势。从我国医疗设备及仪器仪表制造业创新效率的动态发展来看（见图 4-21），2008 年以来该行业总体创新效率表现出很大的波动，大致呈 M 形状。2011~2012 年、2014 年分别为两个高峰时期，2008~2010 年、2013 年、2015 年为创新效率的低点。这可能是利好的产业政策和市场需求波动等因素造成的。

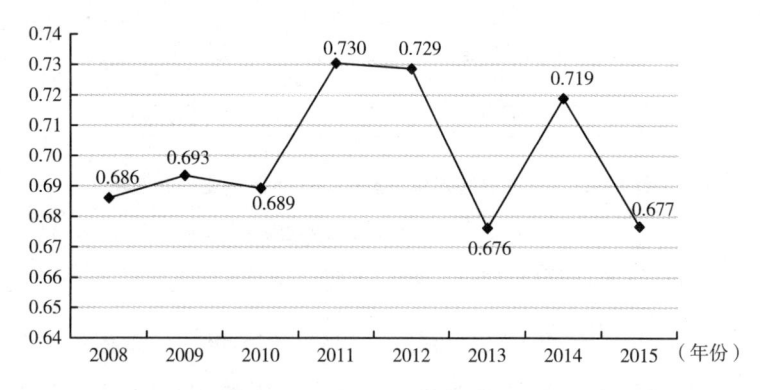

图 4-21 中国医疗设备及仪器仪表制造业创新效率
（以新产品销售收入为变量）

资料来源：根据《中国高技术产业统计年鉴》计算得出。

（4）京津冀医疗设备及仪器仪表制造业创新效率的比较。2008~2015 年，河北省平均创新效率为 0.709，排在第 11 位，处于中游水平。与排名第一的江苏相比，相差 0.127，河北的创新效率为江苏的 84.8%。此外，全国平均效率为 0.699，河北省略高于全国平均水平，仅为 0.01。由上可知，河北省医疗设备及仪器仪表制造业在创新效率上与其他先进省市相比，有一定差距，与全国平均水平基本持平。这表明河北省医疗设备及仪器仪表制造业有一定的发展基础和研究开发能力，但是存在产业集群优势不强、高端人才缺乏、资金投入不足、市场发育不健全等问题。

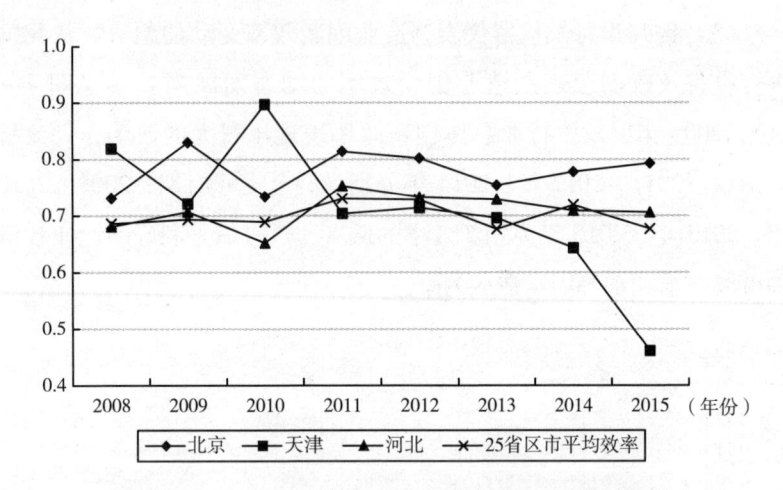

图 4-22 京津冀医疗设备及仪器仪表制造业创新效率
（以新产品销售收入为变量）

资料来源：根据《中国高技术产业统计年鉴》计算得出。

由表 4-32 和图 4-22 可知，2008~2015 年，京津冀三省市的医疗设备及仪器仪表制造业相比，北京的平均创新效率为 0.780，每年的创新效率都稳定在 0.73~0.83 之间，高于全国平均水平；天津的平均创新效率为 0.707，低于北京，与河北基本持平，但是波动较大，每年的创新效率都在全国平均水平之上，2011 年以后持续下降，低于全国平均水平；河北的平均创新效率为 0.709，一直稳定在 0.65~0.75 之间，处在北京与天津之间。从走势来看，8 年间北京的创新效率一直围绕 0.78 上下波动，平稳中略有上升；天津的创新效率呈现迅速下滑的趋势；河北的创新效率也比较稳定，围绕全国平均水平上下波动。这可能与北京、河北研发投入持续稳定增长，而天津投入连续下降有关。

（5）影响创新效率的因素分析。从创新效率的影响因素来看，δ_4 通过了显著性检验。δ_4 为负，表明产业规模对创新产出有着显著的正向影响，即从业人员越多，越有利于技术开发。产业规模越大，越有可能产生规模经济。此外，从业人员越多，就越有可能聚集到足够多的技术人才,从而有利于进行科技创新。这与卫洁等学者的研究成果是一致的。

δ_1、δ_2、δ_3没有通过显著性检验。其中,δ_1为负,表明产业研发活动情况对创新产出具有不明显的正向影响。医疗设备行业是一个科技密度大、研发难度高的行业,研发周期长,技术复杂,需要进行跨学科研究,这就必然促使企业积极开展技术创新。创新效率最高的江苏,2011~2015年间有研发活动的企业占企业总数的比重为50%,即一半企业开展了研发活动。而创新效率最低的黑龙江,5年间有研发活动的企业所占比重仅为40%。数据对比显示,开展研发活动的企业数量与创新效率之间存在着一定关系。

δ_2为负,表明产业利润对创新产出具有不明显的正向影响。产业越能够盈利,越有实力抵御研发风险,并组建产学研创新联盟以进行研发活动。利润较低的行业用于研发的财力显然是不足的,从而很难更多地催生出创新。

δ_3为正,表明政府支持对创新产出有着不明显的负向影响。政府直接资助研发创新,可能会挤出私人企业的投资,还可能加剧对研发资源的竞争,使研发成本上升(杨青峰,2013)。一些国内外学者实证研究发现政府资助有显著的"挤出效应",对企业研发创新产生不利影响。

4.3.6.2 以专利申请数为产出变量的实证分析结果

如前所述,生产函数主要有柯布—道格拉斯生产函数和超越生产函数两种形式。生产函数的形式不能随便确定,而应根据客观的统计检验来决定选择使用哪种生产函数。

以医疗设备及仪器仪表制造业的专利申请数为产出指标,运用软件FRONTIER4.1,超越生产函数的估算结果如表4-33所示。

表4–33　　　　　超越生产函数的估计结果

（以医疗设备及仪器仪表制造业的专利申请数为变量）

变量	系数	标准差	t-检验值
β_0	4.148**	1.785	2.324
β_1	-0.916*	0.476	-1.925
β_2	0.328	0.519	0.632
β_3	-0.837*	0.292	-1.866
β_4	-0.533	0.173	-1.088
β_5	0.742	0.223	1.325
σ^2	0.322***	0.056	5.788
γ	0.145	0.140	1.036
η	0.069	0.072	1.016

注：*、**、***分别代表在10%、5%、1%显著水平下具有统计显著性。

由表4–33可知，β_2、β_4、β_5参数的t值均很小，未通过t检验，只有β_1、β_3通过显著性检验，这已在一定程度上表明对本问题选用超越生产函数不恰当。

下面做进一步统计检验：

H_0：$\beta_3 = \beta_4 = \beta_5 = 0$，$H_1$：$\beta_3$，$\beta_4$，$\beta_5$不全为0

$LR = -2[\text{Ln}L(H_0) - \text{Ln}L(H_1)] = 0.551$，而$LR$近似服从自由度为3的$\chi^2$分布，而$\chi^2_{0.05}(3) = 7.815$，故不能拒绝原假设。因此根据上述参数估计和统计检验结果表明，本问题不宜选用超越生产函数，而应该采用柯布—道格拉斯生产函数的随机前沿模型。

具体的柯布—道格拉斯生产函数形式的随机前沿模型详见"4.2.1研究模型"，此略。

根据式（4–4）、式（4–6），得到表4–34中待估计参数的估计值及其相关检验结果，同时表4–35给出了基于专利申请数的医疗设备及仪器仪表制造业2008~2015年的创新效率水平估计结果。

第4章 基于SFA模型的京津冀战略性新兴产业创新效率与人力资本关联度评价

表4-34 随机前沿生产函数估计的参数结果
（以医疗设备及仪器仪表制造业的专利申请数为变量）

变量	系数	标准差	t-检验值
β_0	3.373***	1.242	2.716
β_1	0.242**	0.135	2.178
β_2	0.585***	0.116	4.747
β_0	8.160***	1.239	6.586
β_1	-0.348***	0.073	-4.735
β_2	-0.073**	0.029	-2.494
β_3	0.045	0.040	1.109
β_4	-0.614***	0.105	-5.873
σ^2	0.361***	0.384	9.414
γ	0.952*	0.076	12.462
η	0.272*	0.136	2.007
对数似然函数值	-175.393	样本数	200
单边LR检验	62.242	创新平均效率	0.184

注：*、**、***分别代表在10%、5%、1%显著水平下具有统计显著性。LR为似然比检验统计量，此处它服从混合卡方分布（mixed chi-squared distribution）。

从表4-34可知，$\gamma=0.952$，且在1%显著水平下具有统计显著性，说明式（4-4）中的误差项有着十分明显的复合结构，使用SFA技术对数据进行估计是合理的。

式（4-4）和式（4-6）模型的实证结果如下：

（1）科技人员和研发经费的投入产出弹性。β_0、β_1、β_2均通过了显著性检验。其中：$\beta_1=0.242$，说明研发人员投入每增长1%，创新产出（专利申请数）增长0.242%；$\beta_2=0.585$，表示研发经费投入每增长1%，创新产出（专利申请数）增长0.585%。这反映在人员和资本要素的投入中，专利申请数量对于研发经费投入的变化更敏感，资本在创新产出中的贡献程度要大于人员。这与前文的研究结论比较一致。这可能是由于研发人员质量不高、构成不合理以及人员与资本不匹配等情况造成的。因此，我国在增加资本投入的同时，更应注重软环境的建设，如提高研发人员的人力资本质量、搭建合理人员结构、优化创新环境等。

此外，通过 β_1 和 β_2 之和可以判断该行业规模报酬情况：β_1 和 β_2 之和小于1，表明我国医疗设备及仪器仪表制造业研发活动规模不经济，这可能是由于该行业企业数量多，规模偏小，达不到规模经济的最低要求，这与前文的结论基本一致。

$\eta = 0.272 > 0$，表明我国医疗设备及仪器仪表制造业的无效率将随着时间的推移而加速下降，即技术创新效率呈上升趋势。

（2）不同地区的技术创新效率差异。从各省区市2008~2015年创新效率来看（见表4-35），江苏、浙江、广东3省的创新效率处于高值区域，8年均值在0.47以上，其中江苏最高，达到0.538；贵州、宁夏、云南3省区的创新效率较低，8年平均创新效率不足0.06。各省区市之间的创新效率差距较大，云南的创新效率最低，只有0.029，仅相当于江苏创新效率的5.4%。绝大多数省区创新效率数值分布在0~0.25之间，先进省区市与其他省区市差距非常明显，呈现断崖式的阶梯形状。这表明我国医疗设备及仪器仪表制造业区域发展不平衡。这与该行业的地域分布情况基本相符。我国医疗设备及仪器仪表制造业的分布主要集中在东部沿海省份，特别是长三角、珠三角及环渤海经济地带。这些省份的基础设施完善，融资市场发达，产业环境和制度环境优越，产业链完善，地方政府财政的支持力度大，这些因素共同造成该业创新效率较高的现状。有16个省区市的年均创新效率在整体平均效率以下，占全部25个省级区域的64%，即该行业约2/3省份的创新效率处在较低水平。整个行业平均创新效率只有0.184，远低于其他行业。这反映了该行业自主创新能力较弱、技术创新滞后的现实。

第4章 基于SFA模型的京津冀战略性新兴产业创新效率与人力资本关联度评价

表4-35 中国医疗设备及仪器仪表制造业创新效率

（以专利申请数为变量）

地区	2008年	2009年	2010年	2011年	2012年	2013年	2014年	2015年	平均效率
江苏	0.111	0.397	0.291	0.661	0.584	0.734	0.847	0.677	**0.538**
浙江	0.410	0.561	0.259	0.495	0.625	0.704	0.550	0.476	**0.510**
广东	0.402	0.399	0.162	0.256	0.502	0.777	0.883	0.435	**0.477**
四川	0.118	0.116	0.093	0.337	0.386	0.324	0.303	0.358	**0.254**
山东	0.103	0.195	0.168	0.237	0.257	0.298	0.290	0.255	**0.225**
北京	0.160	0.213	0.091	0.272	0.308	0.213	0.222	0.227	**0.213**
湖南	0.115	0.143	0.125	0.282	0.309	0.221	0.286	0.217	**0.212**
河南	0.157	0.233	0.122	0.231	0.255	0.289	0.210	0.201	**0.212**
重庆	0.115	0.173	0.072	0.201	0.256	0.249	0.309	0.312	**0.211**
辽宁	0.286	0.174	0.085	0.135	0.196	0.156	0.231	0.177	0.180
福建	0.109	0.336	0.114	0.153	0.155	0.154	0.162	0.163	0.168
上海	0.099	0.166	0.112	0.166	0.184	0.220	0.212	0.184	0.168
天津	0.102	0.192	0.087	0.135	0.148	0.368	0.166	0.096	0.162
安徽	0.020	0.096	0.022	0.114	0.152	0.151	0.375	0.303	0.154
山西	0.600	0.036	0.045	0.074	0.090	0.105	0.152	0.050	0.144
湖北	0.018	0.239	0.033	0.115	0.138	0.128	0.165	0.237	0.134
河北	0.024	0.092	0.039	0.089	0.097	0.196	0.173	0.131	0.105
陕西	0.088	0.130	0.081	0.088	0.104	0.150	0.086	0.084	0.101
黑龙江	0.042	0.093	0.058	0.089	0.065	0.108	0.176	0.110	0.093
江西	0.017	0.043	0.047	0.051	0.077	0.138	0.139	0.217	0.091
广西	0.073	0.081	0.008	0.038	0.039	0.089	0.079	0.099	0.063
吉林	0.002	0.167	0.084	0.063	0.049	0.043	0.035	0.053	0.062
贵州	0.010	0.058	0.034	0.046	0.029	0.101	0.118	0.043	0.055
宁夏	0.019	0.023	0.013	0.031	0.035	0.063	0.034	0.081	0.037
云南	0.027	0.054	0.009	0.028	0.035	0.025	0.024	0.028	0.029
平均效率	0.129	0.176	0.090	0.175	0.203	0.240	0.249	0.209	0.184

注：表中最后一列平均效率中黑体字表示大于平均值的数。

资料来源：根据《中国高技术产业统计年鉴》计算得出。

比较两种方式计算的创新效率，全部25个省区市以新产品销售

人力资本对京津冀战略性新兴产业创新绩效贡献研究

收入为产出指标的创新效率普遍高于以专利申请数为产出指标的创新效率,有22个省区市二者的差距在0.45~0.65之间,差距非常大,尤其是湖北、贵州、云南、河北等省前者比后者高0.6以上。这表明我国医疗设备及仪器仪表制造业的技术开发工作严重滞后于技术成果转化,与该行业整体自主创新能力较弱、缺乏核心技术、处于产业链低端的现状相吻合。因此我们要加大政府支持力度,营造良好的政策、产业环境,鼓励产学研深度合作,增加科研投入,积极开展技术创新,不断提升医疗设备及仪器仪表制造业研究开发能力。

(3)医疗设备及仪器仪表制造业创新效率变动的趋势。从我国医疗设备及仪器仪表制造业创新效率的动态发展来看(见图4-23),自2008年以来该行业总体创新效率呈持续上升趋势,且上升比较快,只有在2010年有一个非常明显的下降。这可能与利好的产业政策如医疗改革、智能制造等以及市场需求波动等因素有关。

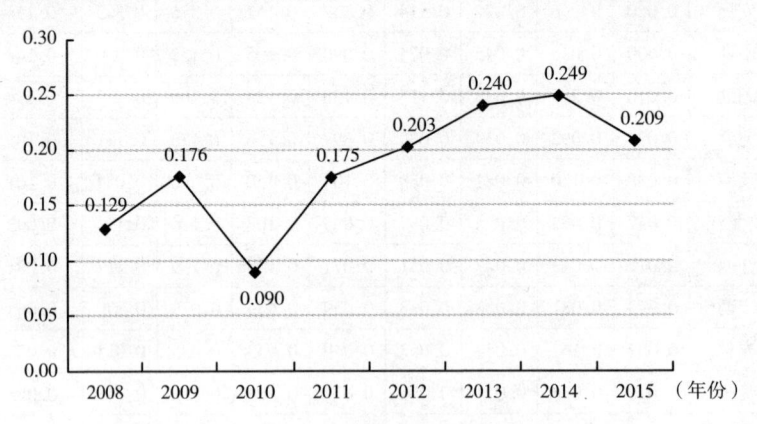

图4-23 中国医疗设备及仪器仪表制造业创新效率
(以专利申请数为变量)

资料来源:根据《中国高技术产业统计年鉴》计算得出。

(4)京津冀医疗设备及仪器仪表制造业创新效率的比较。2008~2015年,河北省8年平均创新效率为0.105,排在倒数第9

第4章 基于SFA模型的京津冀战略性新兴产业创新效率与人力资本关联度评价

位,处于较低水平。与排名第一的江苏相比,相差0.433,河北仅相当于江苏的19.5%。河北的创新效率与全国平均效率相比,相差0.079,约为全国平均水平的57.1%。就创新效率而言,河北省医疗设备及仪器仪表制造业创新效率处于下游水平,与先进省区市差距明显。这与河北省企业实力较弱、研发投入不足、创新能力低下、有序市场环境不健全等因素有关。

由图4-24可知,河北省医疗设备及仪器仪表制造业基于新产品销售收入计算的创新效率一直比较稳定;基于专利计算的创新效率则平稳中不断上升。基于新产品销售收入计算的创新效率要远高于基于专利计算的创新效率,两者差距在0.53~0.67之间,差距非常大,但是这种差距在逐步缩小。这表明河北省技术开发滞后于技术成果市场化,与该行业整体创新能力较弱的现状相吻合。因此河北省必须要加强政策支持力度,完善市场环境,着力推动产学研结合,鼓励企业自主创新;同时要加大研发经费投入,积极吸引高端人才,不断提升研发能力。

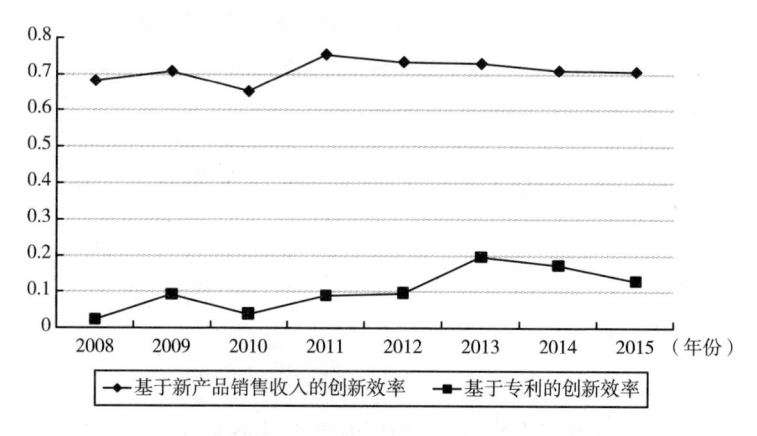

图4-24 河北省医疗设备及仪器仪表制造业
基于两种产出的创新效率

资料来源:根据《中国高技术产业统计年鉴》计算得出。

人力资本对京津冀战略性新兴产业创新绩效贡献研究

由表4-35和图4-25可知，2008~2015年，京津冀三省市的医疗设备及仪器仪表制造业相比：北京8年间的平均创新效率为0.213，在全国平均水平之上，排在第6位，处于较高的位置；天津8年间的平均创新效率分别为0.162，在全国平均水平之下，排在第13位，处于中间位置；河北8年间的平均创新效率为0.105，低于北京、天津，与全国平均水平相差较大。

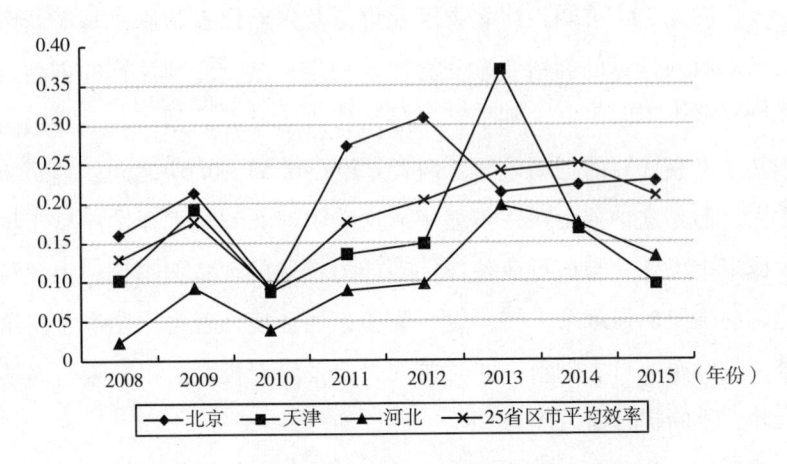

图4-25 京津冀医疗设备及仪器仪表制造业创新效率
（以专利申请数为变量）

资料来源：根据《中国高技术产业统计年鉴》计算得出。

从走势来看，2008~2015年三省市创新效率都呈现较大的波动。北京围绕全国平均水平波动上升；天津在剧烈波动中呈现明显下降的态势，其与全国平均水平越来越远；河北波动相对较小，在波动中逐渐上升，与北京情况相似。

之所以会出现上述情况，原因可能在于三省市研发投入及产出上的差距。从研发投入来看，北京2008年人均研发经费为10万元，2015年人均研发经费增长到29.9万元，增长了2倍；天津的人均研发经费由2008年的7.7万元，增加到2015年的29.8万元，增长了2.8倍；河北的人均研发经费由2008年的5.1万元，增加到2015

第4章 基于 SFA 模型的京津冀战略性新兴产业创新效率与人力资本关联度评价

年的 13.8 万元,增长了 1.7 倍。与北京、天津相比,河北的研发投入严重不足。从创新产出来看,北京 2008～2015 年每百人申请专利数量由 8 件持续增长到 24 件,天津每百人申请专利数量由 24 件最高增长到 59 件,到 2015 年又下降到 14 件,河北情况与北京相似,由 2 件持续增长到 15 件。三省市研发投入都增长迅速,但是北京、河北产出也在相应地增长,而天津却在波动中下降,因此创新效率表现为北京、河北上升,而天津急剧下降。

(5) 影响创新效率的因素分析。从创新效率的影响因素来看,δ_1、δ_2、δ_4 通过了显著性检验。其中,δ_1 为负,表明产业研发活动情况对创新产出具有明显的正向影响。创新效率最高的江苏,2011～2015 年间有研发活动的企业占企业总数的比重为 36%,即约 1/3 的企业开展了研发活动。而创新效率较低的云南,5 年间有研发活动的企业所占比重仅为 30%。这也反映出产业研发活动情况与创新效率有关。

δ_2 为负,表明产业利润对创新产出具有明显的正向影响。现代意义上的创新离不开产学研多方合作,研发周期较长,投入巨大,而产业越能够盈利,越有雄厚的实力进行研发活动,从而催生出更多创新。

δ_4 为负,表明产业规模对创新产出有着显著的正向影响,即从业人员越多,越有利于技术开发。从业人员越多,就越有可能聚集大量高端技术人才,包括核心关键人员,进而产生人才聚集效应,从而催生科技创新。这与肖仁桥等学者的研究成果是一致的。

δ_3 没有通过显著性检验,且为正,表明政府支持对创新产出有着不明显的负向影响。政府直接资助研发活动,会产生"挤出效应",降低创新效率(杨青峰,2013)。

上述影响因素的分析与前文基于新产品销售收入计算创新效率的研究结论基本一致。

4.3.6.3 小结

本部分运用随机前沿分析方法,研究了我国25个省区市医疗设备及仪器仪表制造业的技术创新效率,重点对河北省及北京、天津医疗设备及仪器仪表制造业创新效率进行了比较分析,并探讨了影响创新效率的因素。结论如下:

(1) 相对于科技经费的投入,科技人员投入对于创新产出的作用较小,即我国医疗设备及仪器仪表制造业创新产出的增加主要是科研经费拉动的。同时,研发投入的弹性系数(β_1和β_2之和)小于1,说明我国医疗设备及仪器仪表制造业的研发活动规模不经济。因此,要提高创新产出的关键是通过加大政府支持力度;改善科研工作体制,吸引培养核心关键技术人才,充分调动科技人员创造性;同时要加大研发资金投入,不断完善市场环境。

(2) 我国医疗设备及仪器仪表制造业的创新效率存在不平衡情况,省际之间表现出一定的差距。由于技术、资本密集型的特性,医疗设备及仪器仪表制造业主要分布在长三角、珠三角以及环渤海地区,如江苏、浙江、上海、广东、北京等。这些区域经济发达,产业环境优越,融资市场发达,有大量的人才储备,因此创新效率相对较高。发达省份聚集在一起,通过溢出效应彼此促进发展,在东部沿海形成了高创新效率的集中区;不发达省份也聚集在一起,在中西部地区形成了低效率的集中区。

(3) 比较两种方式计算的创新效率,全部25个省区市以新产品销售收入为产出指标的创新效率普遍高于以专利申请数为产出指标的创新效率,且差距非常大。这表明我国医疗设备及仪器仪表制造业的技术开发工作严重滞后于技术成果转化,反映出该行业自主创新能力较弱,核心技术缺乏,处于产业链低端的现实情况。

(4) 以新产品销售收入为产出指标计算创新效率时,我国医疗

第4章　基于 SFA 模型的京津冀战略性新兴产业创新效率与人力资本关联度评价

设备及仪器仪表制造业的创新效率波动很大，呈 M 形；以专利申请数为产出指标计算创新效率时，该行业创新效率总体上呈持续上升态势。这可能与利好的产业政策如医疗改革、智能制造等以及市场需求波动等因素有关。

（5）河北省医疗设备及仪器仪表制造业在全国处于中间或偏下的位置，创新效率与其他先进省份相比，有一定差距。这与河北省企业实力较弱、研发投入不足、创新能力低下等因素有关。

河北省 2008~2015 年创新效率波动较小，并且在波动中逐渐上升。以新产品销售收入为产出指标的创新效率明显高于以专利申请数为产出指标的创新效率，两者差距在 0.53~0.67 之间，差距非常大，但是这种差距在逐步缩小。这表明河北省技术开发滞后于技术成果市场化，因此加强研发工作势在必行。

（6）京津冀三省市医疗设备及仪器仪表制造业发展并不平衡。总的来看，北京、天津行业基础较好，创新效率也较高；而河北行业基础较差，创新效率与前两者相差较多。这可能是河北省产业规模偏小、集群优势不强、投入不足、创新能力低下等因素导致的。因此，河北省应充分利用京津产业转移的机遇，积极吸纳、培养核心技术人才，加大研发经费投入；加大政策扶持力度，以项目推动产业集群发展，发挥产业聚集效应。

（7）从创新效率的影响因素来看，产业研发活动情况、产业利润、产业规模对创新产出都具有正向影响，只是在影响程度是否显著上存在一定的不同。政府支持对创新产出具有不明显的负向影响。

人力资本对京津冀战略性新兴
产业创新绩效贡献研究
Chapter 5

第 5 章　京津冀战略性新兴产业人力资本创新绩效影响因素研究

第5章 京津冀战略性新兴产业人力资本创新绩效影响因素研究

以人力资本为创新源头的战略性新兴产业创新过程不仅依赖企业自身特性与创新要素的质变过程，同时也受到政府、产业协会、科研院所等多维创新主体的影响与干预，因此研究战略性新兴产业创新过程必须要考虑其系统属性。

5.1 人力资本视角下战略性新兴产业创新影响因素系统的构建

产业创新系统是马莱尔巴和布雷斯基（Malerba & Breschi）于1995年首次提出的。马莱尔巴指出产业创新系统理论的核心观点是：首先，这一理论对产业创新所需的相关因素——技术研发、产学研关系、知识流动、政策制度等进行了系统的研究；其次，从动态视角下讨论多个创新主体间协同创新的行为与机制。柳卸林（2000）提出，产业创新系统内各主体是一种网络关系，企业、科研院校和中介机构之间的知识、人力交互越频繁，则产业创新系统的创新能力越强。张庆昌（2011）提出以企业为创新主体的产业创新系统中，要重视并发挥行业协会、中介机构以及政府部门的协调作用。综上所述，产业创新系统的主体构成为企业、大学、科研院所、政府及中介机构。这些组织都是具有一定存量和结构的人力资本组织，各主体的创新活动最终是由人力资本来执行和实施。王金营（2000）认为组织与区域所拥有的科学家与科技开发人员越多，该组织与区域的技术势越高，即技术创新能力越强。冯兵等（2013）实证研究表明，人力资本的流动可同时承载技术的流动，从而实现技术创新在不同组织与区域间的溢出。

由此可见，战略性新兴产业创新绩效的形成、发展与扩散与人力资本的培育、使用及流动紧密相关，本书将人力资本创新绩效形成的"黑箱"明朗化，构建了人力资本视角下的战略性新兴产业系统模型（见图5-1）。产业创新系统的创新主体为企业与科研院校组成的创新联盟，这一联盟以产业创新项目为管理平台，支持人力资本、技术、信息、知识在两大组织间自由流动；产业协会为产业创新环境的营造者，其致力于产业技术标准、行业标准、准入机制的构建，营造公平有序的竞争环境；政府起到创新加速器的作用，着重从战略发展导向、政策支持的角度引导资源配置，促进产业与创新要素形成良性互动。四维主体职责明确，合理分工，人力资本投入这一有序产业创新系统，形成可持续的产业创新绩效产出。

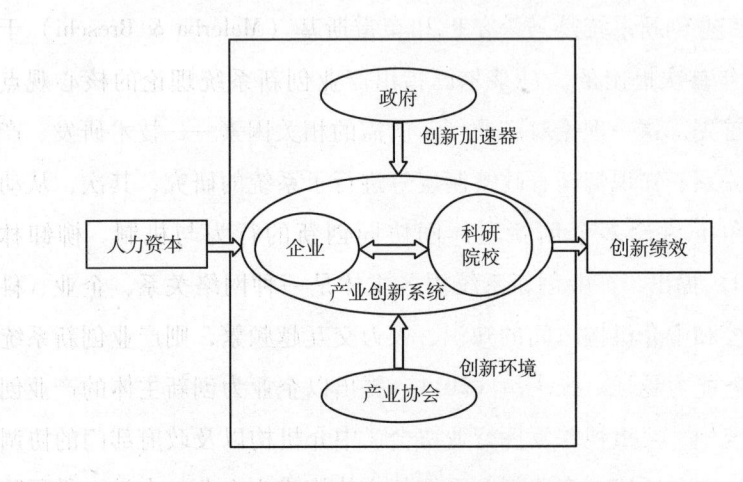

图 5-1 战略性新兴产业创新影响因素系统

5.2 人力资本视角下战略性新兴产业创新影响因素选择

本部分将基于人力资本视角下的战略性新兴产业创新影响因素系统模型，进一步明确人力资本在产业创新过程中的作用，同时结合京津冀战略性新兴产业的发展实际，应用因子分析法归纳提炼影

第5章　京津冀战略性新兴产业人力资本创新绩效影响因素研究

响京津冀战略性新兴产业创新绩效的因素列表。

5.2.1　创新联盟视角下人力资本创新影响因素

（1）企业异质性人力资本水平。企业创新绩效受到不同类别人力资本的影响。李忠民从能力视角划分人力资本类别：专家型人力资本、管理型人力资本、技能型人力资本、一般型人力资本。管理型人力资本承担创新的决策职责并完成创新资源的配置，专家型人力资本完成技术创新的研发过程，技能型人力资本实现研发成果的产品化，一般型人力资本实现新产品的生产、销售效益化过程。

专家型人力资本是指在企业中从事技术开发、工艺革新、流程改造等研发、创新的人员，这一群体多就职于技术研究部门，受教育程度较高，工作经验丰富，能够承担产品或服务从研发到生产环节的创新工作。孔宪香提出专家型人力资本的工作遍布创意获取、研究设计、实验推广等创新环节，是产业创新体系中关键的创新人力要素，使用单位可以通过利益导向机制对此类人员或团队进行奖励诱导，以调动这一类人力资本的创新热情。李志红、和金生等研究提出企业中的人力资本因素在创新型企业氛围中，通过有效的知识创造对企业的创新绩效造成显著影响，因此企业必须重视对人力资本的开发、保留与激励工作。管理型人力资本一般从两个渠道获得：一是通过管理岗位多年的实践经验培养而成，二是通过专业化教育培养而成。这类人力资本具有扎实的管理知识，超前的管理思想，丰富的管理工具操作经验。管理型人力资本与产业创新绩效的关系研究并不多见。李军、皮修平将企业家作为管理型人力资本的最高形态，讨论了其与产业利润获取的关系，研究结论显示企业家型人力资本对产业创新绩效的形成具有正向作用。换句话说，企业家人力资本能够通过企业创新利润的获取促进产业创新绩效的提升。

技能型人力资本指历经专业学习或工作实践掌握了一定的技能，且可以通过该技能的使用对特定工作进行改良升级的人员，这类人力资本均可独立完成工作。王金营提出"技术势差"这一全新概念，用以描述不同技能型人力资本质量的优劣。产业高技术势人力资本存量大，技能型人力资本间就可形成良性学习圈，即技术或知识在技能型人力资本间形成学习、消化、吸收和接纳的势流，进而推动产业技术革新频率提高，技术水准上升，创新投入产出效率提高。

（2）企业内部创新环境。吴伟浩（2008）指出企业的创新要受到企业的人力资源管理水平与环境适应能力的综合影响。企业的人力资源管理水平、战略的环境适应性与创新文化氛围均对企业创新绩效有显著影响。

一是企业创新软环境。这一因素涉及企业创新型文化氛围、企业创新制度、企业管理者创新意识三个维度。经济学研究者与组织行为学研究者从不同角度讨论企业创新的影响因素。前者更关注创新资源的投入产出效率，如资金、人力的存量与产出关系研究；后者则关注文化氛围软环境对创新的影响。诚然，这两个视角相辅相成，企业管理者的创新意识越强，其对创新投入的力度越大，同时，其自身的践行必然在企业中形成支持创新、容忍失败、注重学习的创新氛围，由此可见，创新管理者的确是影响企业创新绩效的因素之一。研究显示，创新制度是创新文化的基础，创新文化会促进创新产出，企业的技术部门在制度支持、高层认可、文化认同的创新体系中，更有可能进行技术革新，提升创新绩效。由于河北省战略性新兴产业的企业规模较小，因此本书将企业家创新精神这一共同因素归属于行业层面因素中，以发现其行业层面的共性。

二是企业管理体制。企业研发、生产、财务、营销等工作的规范性及对创新的支撑力度，直接影响企业技术创新的效率。企业的

第5章　京津冀战略性新兴产业人力资本创新绩效影响因素研究

职能管理体系是否以创新为导向，决定了企业对市场与客户创新需求的敏感度，同时对企业能否通过提升职能管理体系的适应性来不断获取新的创新点，进而占据市场领先地位，获取行业竞争优势产生影响。此外，职能管理体系与人力资源管理体系的融合度决定了人力资本这一关键创新要素能否得到充分利用和开发，创新人力资本投入归属于研发、生产、市场等管理职能，这就需要两大管理体系对人力资本的创新贡献作用达成共识，并通过统一的管理口径和方式实现高效管理。

三是战略性人力资本对创新的支持度。人力资源实践已由微观功能层面提升至宏观战略层面。学者已进行了大量的人力资源实践与创新绩效直接关系的研究。格斯特（Guest，1997）研究提出企业通过人力资源实践可以获取创新绩效这一经营结果，这一结果的获取依赖于雇员能力及对企业的承诺度与忠诚度。米基和希恩（Michie & Sheehan，1999）实际检验了人力资源实践与创新绩效的关系。科尔德·劳尔森和尼古拉·J. 福斯（Keld Laursen & Nicolai J. Foss，2003）构建了人力资源管理与创新绩效关系的理论框架并进行了实证分析。刘善仕（2007）实证提出，人力资源管理通过提升企业整体创新能力进而作用于创新绩效的改善。

综上所述，现有结论已证实人力资源及其管理影响企业的创新绩效，但影响的内在机制还不明朗。

（3）科研院校人力资本创新影响因素。科研机构与高等学校是人力资本的聚集地，企业与科研院校间人力资本与知识、技术的合作交流是战略性新兴产业创新能力的主要来源。普罗文和凯尼斯（Provan & Kenis，2008）提出产学研创新主体通过创新网络的建构实现个体目标与共同目标的双达成。赵雷英（2016）研究提出科技中介投入比例、信息沟通网络的建设情况、政策制度的支撑力度、创新文化氛围、多主体协同服务平台等都对学研机构的创新产出有显著影响。弗里曼（Freeman，1991）提出，创新联盟成员在创新网络下的聚集动力来自创新协作需求。安德烈亚（Andreea，2008）认为社会网络同样可以成为创新资源分享的平台，多个创新主体可通过这个网络实现创新交易。丁堃（2000）分析了产学研协同创新各主体的内外部动力因素，提出了产学研协同创新的 ERP1-P2CS 动力模型。夏红云（2014）研究提出我国亟须从政策、资金、技术入手打造产学研协同创新的动力机制，并给出了具体的构建方法与措施。

综上所述，可以归纳出影响创新联盟人力资本创新绩效系统因素包括的类别，如表 5-1 所示。

表 5-1　　创新联盟视角下人力资本创新影响因素

序号	因素	因素说明
1	企业研发人员创新能力	对新技术的追踪、获取、开发的能力及主动性
2	企业管理人员创新能力	创新精神、管理专业能力
3	企业技能型人员创新能力	营销、财务、生产人员发现、思考、反馈创新中存在问题的能力
4	企业战略的环境适应能力	企业依据内外部环境变化动态调整发展战略的能力
5	企业的人力资源管理制度激励能力	企业对人力资本培养、开发、使用、激励的能力
6	企业创新文化支持能力	企业文化氛围对创新的支持能力
7	科研院校的人力资本能力	区域内科研院校人力资本的存量与创新能力
8	产学研创新协作能力	产学研各主体协同创新的主动性、创新要素与信息的互通程度

5.2.2　政府视角下人力资本创新影响因素

黄磊提出我国现阶段的战略性新兴产业创新系统多属于政府主

第5章 京津冀战略性新兴产业人力资本创新绩效影响因素研究

导型。政府通过制定政策、监管推进的方法直接介入企业创新领域的投资走向、资源流动、技术发展等相关工作，成为产业创新提升的主导力量。此外，中国政府具有强大的资源配置能力，可以通过资源整合、调动的方式促进战略性新兴产业中创新力量的集聚，以此推动产业创新进程。由此可见，政府主要通过资源配置、政策支持的方式来影响产业创新绩效的形成。具体来说，影响战略性新兴产业人力资本创新的政策类别可以分为产业创新战略、法律政策、财税政策、人才政策。

（1）产业创新政策。纵观世界各国，从发达经济体到发展中国家，都出台了大量的促进产业创新发展的支撑性政策，多数政策从税收优惠、金融支持、财政干预等角度制定。但不同的产业政策是否都会促进产业创新，学界观点并不统一。卡罗利娜（Karolina）研究发现，短期内财政补贴等政策会引发企业的创新热度，但是对于未受补贴的企业形成挤出效应，这一政策会形成政策壁垒，进而降低产业创新产出，从长期来看，应慎重发布。斯克里亚（Sequeria）基于自己提出的研发部门内生增长模型，应用实证数据，研究结论与前一学者接近，短期内政策激励会促进创新投入的增加，但是长期来看，不利于产业的良性竞争，因此建议政策补贴应具有时效性。我国学者同样对这一问题做了研究。刘志铭具体研究了补贴与减税两种方式对企业创新绩效的影响差异。王晓滨等研究提出，我国地方性政府出台的鼓励政策创新导向性不足，过于重视近期利益，没有在创新抵扣、持续增长方面给予充分的重视，对应的政策细节不足。田长明研究发现，短期内政策补贴对企业创新的激励效果最佳，长期来看，则是减税的方式能够激励企业持续进行创新投入，同时还建议政府从拓宽融资渠道、降低创新风险、改善创新环境方面进一步完善现有政策支撑体系。

学术界多从制定产业技术政策、政府研发补贴、企业研发投入对产业创新影响的角度探讨产业政策与创新间的关系。代表性观点如下：张志元（2016）建议政府应关注资源配置作用在产业创新发展中的作用；解维敏等（2009）实证研究显示，政府研发补贴有助于企业研发绩效的提升，因此建议政府应加大对产业创新的补贴力度；张永安等（2016）、吕明洁等（2016）研究显示，产业政策的连续性及力度对企业创新绩效形成不同的影响，其中技术创新政策与环境保护政策是抑制作用，产品创新政策是激励作用，同时政策执行的不连续是抑制创新的因素。

（2）法律环境：知识产权制度对产业创新绩效的实现与推广起到激励作用。1997年，帕克和古纳特（Park & Ginarte）提出了衡量国家知识产权保护水平的定量指标，开创了知识产权保护的研究。国外学者对知识产权保护与企业创新绩效展开了丰富的交叉研究。帕克和古纳特（1997）通过对60多家企业的实证研究提出，知识产权保护力度对本土固定资产投资、研发投资都有正向作用，同时会带来企业利润的增长，由此得出结论：知识产权保护激励企业研发投入。库马尔（Kumar，2006）研究显示知识产权保护力度影响外商投资的方向和模式。外商直接投资对创新性和新产品的研发投入有直接影响。知识产权保护对创新产出、创新收益的保障是该机制有效运行的关键。

学者均以研发投入和专利为产出两类指标进行相关研究。一类研究是讨论企业研发投入的市场价值与知识产权保护力度的关系。格林哈尔希和罗杰斯（Greenhalgh & Rogers，2006）认为，知识产权保护力度会提高市场的垄断性，由此得到结论：研发收益和专利资产的收益会伴随知识产权力度的加强而提高。但是阿尔卡（Alka，2010）研究印度的数据与他国不同，结论恰好相反。另一类研究是企业专利产出与知识产权保护力度的关系。很多学者研究发现，企业专利申请量、专利授予量都受知识产权保护力度的影响。然而，

第5章 京津冀战略性新兴产业人力资本创新绩效影响因素研究

这一问题对接到中国企业，阿尔伯·胡和杰弗逊（Hu & Jeffson，2008）探讨了导致中国专利申请量剧增的背后因素，发现知识产权法修订只是较小的影响因素之一。琳达·岳（Yueh，2009）调查发现，尽管中国不同区域的专利申请数量存在比较大的差异，但是从专利授予率这一指标比较，结果基本相同。由于专利是得到世界各国认同的知识产权保护措施，因此国内外文献集中研究专利制度的范围、期限、侵权内涵、申请标准等细节，同时还有大量学者关注此类制度细节对创新绩效的影响。如斯科奇姆（Scotchmer，1995；1996）、格林和德尼科罗（Green & Denicolo，1996）等国外学者提出专利的保护期限与范围对企业研发投入与产出均有积极影响。艾亚等（Aija et al.，2009）研究中小企业发现，中小企业在缺乏研发合作伙伴时，更倾向于选择低风险的非专利保护的研发领域入手，以降低专利壁垒对创新绩效的制约效果。

（3）政府的财税政策同样是影响企业人力资本创新绩效的因素之一。舒尔茨（1960）就提出，个人所得税不能按照物质资本或所得税的扣除方式实施，因为此种计税方式会降低个体的实际收入，进而降低个人的人力资本投资意愿。由此可见，财税政策会通过影响个体的收入水平来干预企业人力资本投资效果。萨尔瓦托雷·巴尔巴罗（Salvatore Barbaro，2003）具体分析了税收和财政补贴两个因素如何影响企业的人力资本投资行为，研究显示个人所得税的起征点及累进税率会降低人力资本投资意愿，但如果同时实施政府补贴，前述效果将大大减轻。詹姆斯·J. 赫克曼（James J. Heckman，2015）通过对欧洲各国人力资本政策的对比研究，构建了一个涵盖教育、培训、劳动力供给、流动与退休全生命阶段的周期模型，实证分析结果显示人力资本的存量利用率在下降，同时国家税收补贴通过降低企业在职培训的边际成本来间接影响企业人力资本投资力度。我国学者也在这一问题上做了相关探讨。孙文学（2003）提出人力资本投资是个体、企业、政府三方主体的合力行为,通过实证分析发现现行财税政策对人力资本投资存在抑制作用,并提出了调整性政策建议。

(4) 人才政策是宏观政策体系中最直接影响人力资本创新的政策类别,它通过产业发展相关的人才流动、人才吸引、人才评价制度与方法、人才科技创新奖励制度、人才医疗、住房、家庭等配套政策体系来影响人力资本在战略性新兴产业中的保有数量、流动意愿与创新成就感。路瑶 (2011) 对人才政策的分类方法以及曲婉等 (2012) 对自主创新人才队伍政策的研究方法,根据人才政策涉及内容的不同,将人才政策分为人才引进政策、人才培养政策、人才激励服务政策三大类。从理论上来看,人才政策能为人才流动提供制度保障,而新人才政策的出台,也将在一定程度上对人才流动产生影响。在有关人才流动影响因素的研究中,政府政策的影响是一个不可或缺的因素,如袁娟 (2007) 将政策支持作为影响科技人才在长三角区域内流动的重要因素;夏琛桂 (2008) 把政府人才政策的作用和集聚的不经济性、人口郊区化、地方产业发展的影响作为导致都市圈人才扩散的四大原因。从实践来看,各地政府都争相出台各类人才优惠政策,以吸引和集聚优秀人才到本地创新创业(见表 5 - 2)。

表 5 - 2   政府视角下人力资本创新影响因素

序号	因素	因素说明
1	产业创新政策	政府积极制定产业创新发展战略,指导和引导企业的创新活动
2	法律环境	政府能够不断完善产业创新在知识成果、产权保护、成果转化等方面的立法
3	财税政策	政府能够在研发资金投入、政府采购、税收优惠、资金融通、科技奖励政策、教育培训优惠政策等方面提供积极充足的政策支持
4	人才政策	政府已出台并不断完善产业发展相关的人才吸引、人才培养、人才科技创新奖励制度、人才医疗、住房、家庭等配套政策体系

5.2.3　产业视角下人力资本创新影响因素

产业环境是战略性新兴产业生产和发展的土壤，斯科特（Scott，1991）将环境定义为：特定范围内，所有个体、组织及其交互作用所形成的特定行动领域。戈麦斯·梅希亚等（Gomez-Mejia et al.，1995）研究提出产业环境由影响产业中企业发展的相关因素构成，代表性因素有环境变动程度、环境变化频繁度、环境不确定性与环境的复杂程度。由于企业间的创新模式与外围环境并不统一，因此环境因素会以中介变量出现，影响组织特征与组织创新间的关系，且呈现正向作用。基于此，笔者总结提出以下从产业角度影响人力资本创新的因素。

（1）第一个产业影响因素为行业管理水平。任何行业的高品质发展都需要良性竞争的行业环境，这一环境的培育主要依托行业协会。行业协会是行业企业间的中介机构，主要承担行业发展趋势预测、信息沟通、环境秩序维护等职责，其中信息沟通桥梁作用尤为关键。由于市场经济模式中，信息的交换是需要成本的，因此行业发展的共性信息可以借助行业协会这一平台进行低成本或零成本传递。尤其是在行业内企业需要合作的情况下，行业协会可以成为有效的知识转移载体。随着行业发展的边界逐渐模糊，行业信息网络的构成主体不再仅由企业、行业协会构成，高校科研机构、地方政府都逐渐加入，成为技术创新的源头或者创新资源的来源方，因此，对于战略性新兴产业而言，行业管理水平代表了行业内信息流动的有效性、资源管理的合理性，本书以这一要素作为影响产业创新的环境因素之一。

（2）第二个产业影响因素为产业的竞争性。有关市场竞争性对产业创新绩效的影响方式与结论，在学界观点并不统一。代表性观

人力资本对京津冀战略性新兴产业创新绩效贡献研究

点之一为产业竞争性越低，企业创新意愿越强，创新投入越高。这一观点最早由熊彼特（Schumpeter）于1942年提出。他通过分析企业规模及市场竞争性与创新的内在逻辑，提出两种假设：一种是，相比于大企业，小企业的创新意愿更低，因此企业规模与创新投入呈现正相关关系。另一种是，企业的创新动力与市场的集中度相关，即企业的研发投入与市场集中度呈现正相关关系。就前述假说的内在逻辑，熊彼特的解释是：企业创新行为是高资源投入行为，同时面临的失败风险与技术不确定性很强，这就要求企业有雄厚的资源支持，比如有丰富的融资渠道以及充裕的信息来源，但是这些条件只有垄断性企业才会具备，这些垄断企业已经掌控了行业绝大多数利润，为企业创新提供了充裕的资源支持。可以支持大规模企业进行持续性或循环型的创新投入。另一方的观点与熊彼特恰恰相反，阿罗（1962）认为充分竞争的产业环境有助于产业创新，他的理论依据在于，垄断性企业由于缺乏竞争的威胁，在稳定收益的前提下，大型企业对创新的意愿并不充足，相反，小企业如果创新能够顺利实现，在创新收益的激励下会进行持续性创新，因此其建议应增加市场的竞争性，以鼓励企业增加研发投入。

  国内学者从另外一个视角讨论这一问题，陈林、朱卫平（2011）研究了行政壁垒对市场竞争性的影响，进而讨论对产业创新的影响结果。就我国产业发展的历程来看，为了保护或培育某一产业的发展，相关部门会采用法律法规的方式限制外围企业进入某一产业，由此降低特定产业的竞争性。两位学者通过对某行业国有资产比重这一中介变量界定，实证发现不同行业壁垒程度下，产业创新绩效与市场竞争程度的关系并不相同。由此可见，在我国现阶段背景下，不能统一认为市场竞争性与产业创新绩效间有单一的影响关系，需要放在具体产业背景下讨论这一问题，因此本书选择这一因素作为第二个产业创新的影响因素。

第 5 章 京津冀战略性新兴产业人力资本创新绩效影响因素研究

（3）产业影响创新的第三个因素为市场结构。市场结构因素涵盖市场的垄断程度、产品差异化程度、企业规模以及技术壁垒，这些因素对产业创新均有不同程度的影响。有关市场结构与创新关系的研究始于熊彼特，他提出，由于新技术的高门槛，处于垄断地位的企业由于获取了创新的垄断利润，因此后续的创新动力十足。对于这一观点，国外学者做了不同角度的探讨。谢勒（Scherer）通过对美国 56 个行业数据的实证分析发现，产业垄断程度不会单一影响创新产出，它会同其他环境因素一起作用于这一结果，这些环境因素包括产业化进程、产业进入门槛的高低、产业中技术禀赋。温特（Winter）直接采用美国官方发布的创新绩效数据来检验企业规模与创新结果之间的关系，他发现，企业规模通过较高的创新风险承受能力对创新绩效形成积极影响。韦迪特（Wedigtw. E）则是针对产业中产品差异化程度与产业创新间的关系做了具体研究，他提出产品差异化程度越高，产业的集中度就越低，这就会降低技术转化的成本，提高企业获利能力，由此激励企业持续追加创新投入。凯密恩（Kamien）侧重研究了发展中国家的政府管制条件对企业创新活动的影响。研究显示，政府管制对产业内企业的创新绩效会产生双向的影响。一方面，行政壁垒会提高受保护产业的进入门槛，进而保护产业内的技术创新，提升产业内企业的创新收益；另一方面，值得警惕的是，行政壁垒造成的技术创新型垄断利润也会使产业中企业的创新热度降低，不利于产业创新的可持续性（见表 5 - 3）。

表 5 - 3　　　　　产业视角下人力资本创新影响因素

序号	因素	因素说明
1	产业管理水平	企业所在行业的行业标准、技术标准的完善性与科学性人员在产业管理制度调研、制定、完善方面具备专业水平
2	产业竞争性	产业内的竞争程度以及新竞争者进入的难易程度
3	产业市场结构	产业产品的差异化程度、企业规模差异以及技术差异程度

5.2.4 产业创新绩效指标

企业与科研院校通过自主或合作创新，获得创新绩效产出，表现为新产品或新技术开发、新技术实现、申请专利、新产品销售增长、产业发展提速等。同时，京津冀跨区域的产业协同创新还会增进三地科技人才、新兴技术、文化管理的交流与合作，进而推动三地产业发展规模与发展质量的提升。

技术创新绩效的研究者在不同层面对技术创新绩效进行理解。在国家层面上，西方研究者把技术创新绩效理解为经济增长和社会福利提高。Bianca Poti 和 Roberto Basile 认为创新绩效从地区的角度讲就是地区的发展与增长。从微观领域讲，西方学者将技术创新的绩效表示为在企业创新过程中产出技术的绩效，主要在企业新开发的产品中体现。德鲁克（Drucker，1993）认为技术创新绩效不只是一种过程产出，也是多种创新变革的组合，创新变革主要包含了企业与市场的改变、人口统计组成分子的改变以及消费者对产品或服务认识的改变。在我国学者的研究中，对绩效的理解主要集中在效率和效果上，对创新绩效的理解也体现在这两方面。张仲英等认为技术创新的绩效体现在投入与产出的绩效上。朱东元等在"技术创新概念分析与绩效评价初探"一文中也提到绩效体现在产出上。当然也有的学者是从效果的方面进行分析，在这方面还没有形成统一规范的说法。但在绩效研究的可操作性原则下，技术创新绩效终究要归根为产出的增加。

基于统计数据的可得性与可比性，本书选取产业年专利申请数作为产业创新绩效指标。

5.3 京津冀战略性新兴产业人力资本创新绩效影响因素实证分析

5.3.1 问卷的设计与发放

由于京津冀战略性新兴产业涉及行业类别多,跨越地域范围广,笔者采用问卷抽样调查的方法进行实证研究。为保障问卷填写的质量,笔者将同一个指标的多个问题组成一组,集中呈现,方便问卷填写人员对题目内涵的理解,这一问卷编写思路依据的是戴维(Davis)式设计方法。本研究设计的调查问卷(参见附录)主要由四大部分构成(见表5-4)。

表5-4　　　　　问卷基本结构

第一部分:政府视角人力资本创新影响因素	从产业创新导向、财税、法律与人才四个方面考察政府政策对人力资本创新的影响效果。题目序号为1~4题(P1、P2、P3、P4)。测量量表采用李克特(Likert)五级量表,由非常不同意到非常同意
第二部分:产业视角人力资本创新影响因素	从产业管理水平、产业竞争性到产业结构三个维度考察产业中观环境对人力资本创新的影响效果。题目序号为5~7题(IN1、IN2、IN3)。测量量表采用李克特(Likert)五级量表,由非常不同意到非常同意
第三部分:创新联盟视角人力资本创新影响因素	选取企业、科研院校人力资本水平及产学研协作创新平台等8个微观因素研究产业创新落地层面影响人力资本创新的因素效果。题目序号8~15题(U1、U2、U3、U4、U5、U6、U7、U8)。测量量表采用李克特(Likert)五级量表,由非常不同意到非常同意
第四部分:产业创新绩效	选取产业年专利申请数作为产业创新绩效指标。题目序号16题(R1)。测量量表采用李克特(Likert)五级量表,由非常不同意到非常同意

问卷发放对象为京津冀战略性新兴产业多维创新主体,包括企业、高校、科研院所以及京津冀各相关政府机构。三地共计发放问卷350份,收回有效问卷323份,其中北京190份,天津43份,河北90份,涉及新能源、新材料、生物医药、航空航天技术、信息技术、资源与环境技术等15个行业类别。

5.3.2 数据分析与处理

5.3.2.1 问卷信度检验

信度检验主要通过分析问卷量表中题目表述的一致性来确保多次重复测量的结果一致性。本研究应用 Cronbach's α 系数来估计测度量表的一致性。基本依据为该系数越大,说明每个题项之间的相关度足够,也就是内部一致性越高。这一系数是多数采用李克特量表的常用检验方法。

Cronbach's α 取值范围为 0~1,出现两端数值的概率非常低,学界认为,0.70 是该系数取值较低但是在可接受范围内的下限边界值,如果该系数低于 0.70,那么最低下限值为 0.65,低于 0.65 的量表一致性不能接受;相反,对于一致性检验较好的量表,该系数的取值一般高于 0.70,处于 0.70~0.80 的量表一致性比较好,取值介于 0.80~0.90 的量表一致性就非常好。

基于此,本书除去 Cronbach's α 外,同时采用总相关系数来对初始问卷进行预调研检验。检验的标准依据为:特定题项数据的 Cronbach's α 检验值小于 0.5 时,先删除此问题项,再进行总信度系数检验,如果发现检验结果明显改善,那么此题目应当删除,反之恢复。本书对政府影响因素、产业影响因素、创新联盟及产业创新绩效四个题项分别进行了上述检验,对无效题目进行了剔除,分析结果如表5-5~表5-8所示,这些表中的 CITC 的中文名为"项目

第5章 京津冀战略性新兴产业人力资本创新绩效影响因素研究

总体相关系数"。

（1）政府影响因素信度检验。

表5-5　政府影响因素的 CITC 和 Cronbach's α 系数

测量变量	题项	CITC	结构变量 Cronbach'α
政府影响因素	Z1	0.947	0.861
	Z2	0.978	
	Z3	1.019	
	Z4	1.028	

（2）产业影响因素信度检验。

表5-6　产业影响因素的 CITC 和 Cronbach's α 系数

测量变量	题项	CITC	结构变量 Cronbach'α
产业影响因素	H1	0.943	0.821
	H2	0.978	
	H3	1.043	

（3）创新联盟影响因素信度检验。

表5-7　创新联盟影响因素的 CITC 和 Cronbach's α 系数

测量变量	题项	CITC	结构变量 Cronbach'α
创新联盟影响因素	Q1	0.946	0.868
	Q2	0.940	
	Q3	0.914	
	Q4	1.032	
	Q5	0.966	
	Q6	1.011	
	Q7	1.033	
	Q8	1.026	

(4) 创新产出量表信度检验。

表 5-8　创新产出的 CITC 和 Cronbach's α 系数

测量变量	题项	CITC	结构变量 Cronbach'α
创新产出	O1	0.930	0.731

5.3.2.2　问卷效度检验

效度检验是对问卷内容能否准确表达研究目的和预期的一种分析手法。问卷的效度一般分为内容效度和结构效度，是针对问卷的准确性和有效性进行的统计研究。

（1）内容效度。内容效度是指项目对预测的变量或行为范围选样的适当程度。内容效度是效度检验的第一要务，通过这一指标的检验来体现量表与研究目标的契合程度，通过了内容效度检验的量表是进行结构效度检验的前提。

定量式文献研究是此次研究问卷中题目设计的主要支撑。问卷的结构与表述形式设计均听取了同行专家、战略新兴企业负责人、科研负责人的意见与建议。在专家组的问卷预填结果下，笔者对问卷的题目做了微调，由此保证问卷的内容效度。

（2）结构效度。结构效度主要是用来检验量表是否可以真正度量出所要度量的变量。结构效度是将测量结果与理论假设或命题联系起来的重要指标，主要通过它来反映问卷的测量结果与研究命题之间的一致性。

本书应用验证性因子分析对此次使用的问卷进行结构效度检验。因子分析法是通过考察一组变量间的相关系数结构或者协方差，对观测变量和不可观测的潜变量的关联进行解释。在进行因子分析前，首先对量表进行 KMO 测度和巴特利特（Bartlett）球度检验，由此来度量量表是否适合进行因子分析。在此，本书应用凯泽

第5章 京津冀战略性新兴产业人力资本创新绩效影响因素研究

(Kaiser)提出的KMO度量标准进行判断,即KMO大于0.6则量表适合做因子分析。本研究采用主成分因子分析对每个变量进行验证性因子分析,以检验每个变量的问项是否够能被萃取为一个因子。

效度分析结果如表5-9、表5-10、表5-11及表5-12所示。检验结果显示,政府维度影响因素、产业影响因素、创新联盟影响因素及产业创新绩效维度四个量表各维度的KMO值均大于0.6,并且巴特利特球体检验的χ^2统计值的显著性概率均为0.000,达到显著水平,因此数据适合进行因子分析。同时,所有量表的问题都能够提炼为一个因子,并且所有因子载荷量都大于0.5,而且对研究变量的解释程度都在60%以上,解释了大部分信息。因此,本量表具有良好的结构效度,符合研究要求,可进一步进行后续的数据分析。

①政府维度效度检验。

表5-9　　　　　　　　政府维度效度分析结果

因子	KMO样本测度	Bartlett's 检验			测量问项	因子载荷量	解释程度
		χ^2值	df	Sig.			
政府影响因素	0.856	688.531	10	0.000	Z1	0.812	64.624
					Z2	0.833	
					Z3	0.799	
					Z4	0.807	
					Z5	0.767	

②产业维度效度检验。

表5-10　　　　　　　　产业维度效度分析结果

因子	KMO样本测度	Bartlett's 检验			测量问项	因子载荷量	解释程度
		χ^2值	df	Sig.			
行业影响因素	0.772	255.431	15	0.000	H1	0.679	60.120
					H2	0.638	
					H3	0.672	

③创新联盟影响因素效度检验。

表 5-11　　　　　　创新联盟影响因素效度分析结果

因子	KMO样本测度	Bartlett's 检验			测量问项	因子载荷量	解释程度
		χ²值	df	Sig.			
企业自身因素	0.893	874.570	21	0.000	Q1	0.568	61.976
					Q2	0.569	
					Q3	0.516	
					Q4	0.507	
					Q5	0.583	
					Q6	0.564	
					Q7	0.611	
					Q8	0.658	

④创新产出效度检验。

表 5-12　　　　　　企业创新产出效度分析结果

因子	KMO样本测度	Bartlett's 检验			测量问项	因子载荷量	解释程度
		χ²值	df	Sig.			
创新产出	0.754	232.408	3	0.000	O1	0.744	66.178

5.3.2.3　实证研究结果

（1）描述性统计分析结果。本节针对样本在政府层面、产业层面、企业层面以及创新产出这四个研究变量的平均值、标准差、最大值、最小值做简要描述，以了解各维度的分布情况及反应情况。统计分析结果分别说明如下。

如表 5-13 所示，在政府影响因素中，平均值最高的为政府的创新发展战略与创新法律环境两个因素，平均值为 3.83；其次为产业创新环境，平均值为 3.75，标准差为 1.019；最低的为政府工作人员的水平，平均值为 3.47，标准差为 1.138。

第 5 章 京津冀战略性新兴产业人力资本创新绩效影响因素研究

表 5-13　　　　　　　政府因素描述性统计分析

测量问题	N	最小值	最大值	平均数	标准偏差	因子均值
Z1	320	1	5	3.83	0.947	3.712
Z2	320	1	5	3.83	0.978	
Z3	320	1	5	3.75	1.019	
Z4	320	1	5	3.70	1.028	
有效的 N (listwise)	320					

如表 5-14 所示, 在产业影响因素中, 平均值最高的为产业内部的竞争激烈程度, 平均值为 4.07, 标准差为 0.950; 影响最微弱的是新竞争者进入产业的难度即产业的进入门槛, 平均值为 3.15, 标准差为 1.142。

表 5-14　　　　　　　产业因素描述性统计分析

测量问题	N	最小值	最大值	平均数	标准偏差	因子均值
H1	320	1	5	4.07	0.950	3.613
H2	320	1	5	3.15	1.142	
H3	320	1	5	3.33	1.127	
有效的 N (listwise)	320					

如表 5-15 所示, 在企业自身影响因素中, 平均值最高的企业能够根据环境改变调整自身战略即战略的适应性, 平均值为 3.87, 标准差为 0.966; 影响最微弱的是企业能够通过技术交流、合作等形式获取外部新知识、新技术, 即企业新技术、新知识的获取渠道的畅通性, 平均值为 3.71, 标准差为 1.033。

表5-15　　　　　　　　创新联盟描述性统计分析

测量问题	N	最小值	最大值	平均数	标准偏差	因子均值
Q1	320	1	5	3.80	0.946	
Q2	320	1	5	3.76	0.940	
Q3	320	1	5	3.77	0.914	
Q4	320	1	5	3.74	1.032	3.763
Q5	320	1	5	3.87	0.966	
Q6	320	1	5	3.73	1.011	
Q7	320	1	5	3.71	1.033	
Q8	320	1	5	3.33	1.127	
有效的 N（listwise）	320					

如表5-16所示，创新产出维度中平均值最高的是新产品开发速度，平均值为3.66，标准差为0.930；其次是新产品销售收入占销售总额的比重，平均值为3.56，标准差为1.003；最后是年专利申请数，平均值为3.45，标准差为1.165。

表5-16　　　　　　　　创新产出描述性统计分析

测量问题	N	最小值	最大值	平均数	标准偏差	因子均值
O1	320	1	5	3.66	0.930	3.557
有效的 N（listwise）	320					

（2）相关系数和共线性检验。采用相关性分析方法，对获取的问卷数据进行相关性分析，检验政府、产业、创新联盟三个层面因素对创新产出之间的相关性。根据显著性表示，Sig 在 0.01 以下，可以说明各变量之间有非常显著的相关性。相关系数采用 Spearman 系数，变量之间相关系数如表5-17所示。

第5章 京津冀战略性新兴产业人力资本创新绩效影响因素研究

表 5-17 京津冀创新因素与创新产出间回归拟合检验结果汇总

地区	因素	R	R^2	调整后 R^2	显著性 Sig.
河北省	政府	0.316	0.100	0.046	0.009
	产业	0.321	0.103	0.082	0.000
	创新联盟	0.522	0.272	0.209	0.000
北京市	政府	0.316	0.100	0.076	0.002
	产业	0.366	0.134	0.110	0.000
	创新联盟	0.557	0.310	0.283	0.000
天津市	政府	0.679	0.462	0.369	0.001
	产业	0.718	0.516	0.448	0.000
	创新联盟	0.771	0.595	0.526	0.000

由表5-17可知，河北省政府因素、产业因素与创新联盟因素与创新产出维度均存在回归关系；北京市政府因素、产业因素与创新联盟因素与创新产出维度均存在回归关系；天津市政府因素、产业因素与创新联盟因素与创新产出维度均存在回归关系。

多重共线性主要由容忍度、方差膨胀因子VIF和条件指标值（condition index，CI）来判别，一般要求TOL值大于0.1，VIF值小于10，CI值小于30。进行多元回归分析，一般要求自变量不能存在多重共线性，若存在严重的多重共线性会导致研究出现偏差。本研究对影响人力资本创新的政府因素、产业因素、创新联盟因素三类要素进行多重共线性的检验，具体的检验结果可以如表5-18所示，CI值在12~30之间，而各变量的TOL值都在0.1以上，VIF值都小于10，说明三省市人力资本的各要素之间不存在的共线性问题，适合做多元回归分析。

表5-18　京津冀人力资本视角下各创新影响因素共线性诊断

地区	自变量	TOL	VIF	CI
北京市	创新联盟	0.440	2.275	16.223
	产业	0.293	3.418	20.703
	政府	0.327	3.057	25.316
天津市	创新联盟	0.340	3.156	12.332
	产业	0.267	2.689	21.567
	政府	0.273	4.267	24.619
河北省	创新联盟	0.512	5.317	14.351
	产业	0.361	4.558	18.294
	政府	0.415	2.669	23.369

(3) 多元回归分析。回归分析（regression analysis），指的是研究一个变量 Y 和其他若干变量 X 之间相关关系的一种数学工具，它是基于一组试验或观测数据，寻找被随机性所掩盖了的变量之间的依存关系。

在做多元回归分析之前，对各层次影响人力资本创新的因素对产业创新绩效影响的方差进行分析。方差分析将创新联盟影响因素、产业影响因素和政府影响因素作为自变量，产业创新绩效作为因变量。分析结果见表5-19。

表5-19　京津冀方差分析

地区	变差来源	变差	自由度	均方差	F	概值
北京市	回归	124.210	3.000	41.403	100.590	0.000
	残差	84.791	0.206	0.412		
	总和	209.000	209.000			
天津市	回归	102.410	3.000	34.503	85.090	0.000
	残差	97.431	0.260	0.246		
	总和	189.050	209.000			
河北省	回归	104.210	3.000	35.403	80.590	0.000
	残差	94.731	206.000	0.462		
	总和	199.050	209.000			

第5章 京津冀战略性新兴产业人力资本创新绩效影响因素研究

由表5-30方差分析的结果看出,概率值非常小为0.000。据此认为,在1%水平下多元回归效果是显著的,因此创新联盟影响因素、产业影响因素和政府影响因素对产业创新存在着显著的影响。进一步通过多元回归分析计算出北京市变量之间的回归系数,分析结果见表5-20。

表5-20　　北京市战略性新兴产业影响因素回归系数

项目	回归系数	标准差	标准回归系数	T值	显著性水平	方差膨胀因子	R^2
常数项	5.142×10^{-7}	0.033		0.000	1.000		0.534
创新联盟影响因素	0.314	0.045	0.314	7.232	0.000	1.736	
产业影响因素	0.361	0.072	0.361	2.365	0.021	1.893	
政府影响因素	0.215	0.078	0.215	4.662	0.014	2.001	

因此,北京市创新联盟影响因素、产业影响因素和政府影响因素与产业创新绩效之间的多元回归方程可以归结为:

$$产业创新绩效 = 5.142 \times 10^{-7} + 0.314 \times 创新联盟影响因素 + 0.361 \times 产业影响因素 + 0.215 \times 政府影响因素$$

以上的回归方程显示,北京市人力资本对产业创新绩效的影响中,创新联盟影响因素对创新绩效的影响程度最大(0.314),其次是产业影响因素(0.361),而政府影响因素对产业创新绩效的影响程度最低(0.215)。

通过多元回归分析计算出天津市变量之间的回归系数,分析结果见表5-21。

表 5-21　天津市战略性新兴产业影响因素回归系数

项目	回归系数	标准差	标准回归系数	T 值	显著性水平	方差膨胀因子	R^2
常数项	6.142×10^{-7}	0.045		0.000	1.000		0.521
创新联盟影响因素	0.256	0.034	0.256	6.301	0.000	1.366	
产业影响因素	0.346	0.025	0.346	3.335	0.000	1.732	
政府影响因素	0.291	0.059	0.291	2.627	0.021	1.001	

因此，天津市创新联盟影响因素、产业影响因素和政府影响因素人力资本与产业创新绩效之间的多元回归方程可以归结为：

$$产业创新绩效 = 6.142 \times 10^{-7} + 0.256 \times 创新联盟影响因素 + 0.346 \times 产业影响因素 + 0.291 \times 政府影响因素$$

以上的回归方程显示，天津市人力资本对战略性新兴产业创新绩效的影响中，产业影响因素对产业创新绩效的影响程度最大（0.346），其次是政府影响因素（0.291），而创新联盟对产业创新绩效的影响程度最低（0.256）。

通过多元回归分析计算出河北省变量之间的回归系数，分析结果见表 5-22。

表 5-22　河北省战略性新兴产业影响因素回归系数

项目	回归系数	标准差	标准回归系数	T 值	显著性水平	方差膨胀因子	R^2
常数项	6.412×10^{-7}	0.054		0.000	1.000		0.321
创新联盟影响因素	0.265	0.024	0.246	5.301	0.000	1.536	
产业影响因素	0.416	0.065	0.366	3.353	0.000	1.632	
政府影响因素	0.171	0.050	0.261	2.726	0.020	1.001	

第 5 章 京津冀战略性新兴产业人力资本创新绩效影响因素研究

因此,河北省创新联盟影响因素、产业影响因素和政府影响因素人力资本与河北省产业创新绩效之间的多元回归方程可以归结为:

$$产业创新绩效 = 6.412 \times 10^{-7} - 0.265 \times 创新联盟影响因素 + 0.416 \times 产业影响因素 + 0.171 \times 政府影响因素$$

以上的回归方程显示,河北省人力资本战略性新兴产业创新绩效的影响中,产业影响因素对产业创新绩效的影响程度最大(0.416),其次是创新联盟影响因素(0.265),而政府影响因素对产业创新绩效的影响程度最低(0.171)。

(4) 回归结果讨论。

①创新联盟视角下京津冀产业创新影响因素比较分析。

通过前述回归分析不难发现,北京与天津两地创新联盟影响因素对产业创新绩效均存在正向作用,而河北在这一维度上对产业创新绩效存在负向影响。

②产业环境视角下京津冀产业创新影响因素比较分析。

采用层次回归方法探讨产业环境因素对人力资本与产业创新正向关系的影响方向。以下分析分为两个部分,第一部分首先探讨人力资本各维度对产业创新的直接影响,第二部分探讨人力资本各维度对产业创新的影响是否会受到产业环境的干扰。检验方法是:第一步构建一个人力资本各维度与产业创新绩效的回归方程;第二步将产业环境因素作为中介变量,再次构建一个人力资本各维度与产业创新绩效的回归方程;第三步将产业环境因素与人力资本的交互变量作为控制变量,构建第三个产业创新绩效的回归方程;第四步通过这三次回归分析结果的显著性检验来筛选对人力资本与产业创新关系形成影响的环境因素。以下分别说明京津冀三地的检验结果。

由表 5-23,第一步结果显示企业内生因素中的管理人员创新能力、企业战略的环境适应性与企业人力资源管理制度激励能力对河北省战略性新兴产业的创新绩效具有显著影响,其他的企业内生因素与科研院校的人力资本能力因素对产业创新绩效无显著影响;第二步结果显示产业环境因素仅产业管理水平对产业创新绩效存在显著影响;第三步结果显示产业环境因素作为中介因素与企业及科研院校因素交互作用的24个维度对产业创新绩效均没有显著影响。

表5-23　　河北省产业环境与人力资本各维度交互作用对产业创新的影响

		项目	第一步	第二步	第三步
独立变量	一	企业研发人员创新能力（Q1）	0.187		
		企业管理人员创新能力（Q2）	0.893**		
		企业技能型人员创新能力（Q3）	0.393		
		企业战略的环境适应能力（Q4）	0.776**		
		企业人力资源管理制度激励能力（Q5）	0.045**		
		企业创新文化支持能力（Q6）	0.430		
		科研院校人力资本能力（Q7）	0.563		
		产学研创新协作能力（Q8）	0.235		
	二	产业管理水平（C1）		0.082**	
		产业竞争性（C2）		0.060	
		产业市场结构（C3）		0.035	
模型摘要		R	0.272	0.321	0.667
		ΔR^2	0.209	0.103	0.034
		F	4.330	4.938	1.167

注：** 表示在0.01水平上显著。

由表5-24,第一步结果显示企业内生影响因素与科研院校影响因素均对北京市战略性新兴产业创新绩效有显著影响;第二步结果显示产业环境因素同样都对产业创新绩效存在显著影响;第三步结果显示产业环境因素作为中介变量与企业和科研院校人力资本要素交互作用对产业创新绩效的影响结果,仅有三项存在显著影响,分别是产业管理水平与企业管理人员创新能力、产业管理水平与企

第5章 京津冀战略性新兴产业人力资本创新绩效影响因素研究

业创新文化支持能力、产业管理水平与科研院校人力资本能力交互项，说明北京市战略性新兴产业的发展环境良好，行业标准、技术标准清晰完善，能够对企业技术管理起到引导与督促作用，并推动企业重视创新，通过打造创新文化来提升创新绩效，此外，产业协会重视校企合作，积极促进校企技术、人才互动合作，起到很好中介桥梁作用。

表5-24　　　　　北京市产业环境与人力资本各维度
交互作用对产业创新的影响

		项　目	第一步	第二步	第三步
独立变量	一	企业研发人员创新能力（Q1）	0.000 **		
		企业管理人员创新能力（Q2）	0.107 **		
		企业技能型人员创新能力（Q3）	0.063 **		
		企业战略的环境适应能力（Q4）	0.421 **		
		企业人力资源管理制度激励能力（Q5）	0.163 **		
		企业创新文化支持能力（Q6）	0.204 **		
		科研院校人力资本能力（Q7）	0.769 **		
		产学研创新协作能力（Q8）	0.642 **		
	二	产业管理制度（C1）		0.202 **	
		产业竞争性（C2）		0.073 **	
		产业市场结构（C3）		0.088 **	
	三	C1 × Q2			0.129 **
		C1 × Q6			0.287 **
		C3 × Q7			0.178 **
模型摘要		R	0.557^a	0.366	0.618
		ΔR^2	0.310	0.134	0.473
		F	11.606	5.659	15.486

注：** 表示在0.01水平上显著。

由表5-25，第一步结果显示企业内生影响因素与科研院校影响因素均对天津市战略性新兴产业创新绩效有显著影响；第二步结果显示产业环境因素同样都对产业创新绩效存在显著影响；第三步

人力资本对京津冀战略性新兴产业创新绩效贡献研究

结果显示产业环境因素作为中介变量与企业和科研院校人力资本要素交互作用对产业创新绩效的影响结果，仅有两项存在显著影响，分别为产业管理水平与产学研创新协作能力交互项、产业竞争性与企业战略的环境适应性的交互项，说明天津市的战略性新兴产业管理协会对产学研合作起到了促进作用，同时对产业内部的良性竞争有积极引导作用，减少内耗，集中优势资源提升创新产出。

表5-25 天津市产业环境与人力资本各维度交互作用对产业创新的影响

		项　　目	第一步	第二步	第三步
独立变量	一	企业研发人员创新能力（Q1）	0.070**		
		企业管理人员创新能力（Q2）	0.092**		
		企业技能型人员创新能力（Q3）	-0.106**		
		企业战略的环境适应能力（Q4）	0.144**		
		企业人力资源管理制度激励能力（Q5）	0.550**		
		企业创新文化支持能力（Q6）	0.260**		
		科研院校人力资本能力（Q7）	0.478**		
		产学研创新协作能力（Q8）	0.367**		
	二	产业管理制度（C1）		0.426**	
		产业竞争性（C2）		0.167**	
		产业市场结构（C3）		0.297**	
	三	C1×Q8			0.040**
		C2×Q4			0.448**
模型摘要		R	0.771	0.718	0.671
		ΔR^2	0.595	0.516	0.645
		F	8.576	7.661	1.525

注：** 表示在0.01水平上显著。

③政策环境视角下京津冀产业创新影响因素比较分析。

由表5-26，第二步方程二结果显示北京市的政府职称因素中的创新战略、创新法律与综合支撑政策对战略性新兴产业创新绩效

第5章 京津冀战略性新兴产业人力资本创新绩效影响因素研究

存在显著影响。第三步是将政府因素作为中介变量与企业及科研院校因素交互作用后研究对创新绩效的影响,结果显示创新战略与环境适应性交互项、政府的人才政策与企业研发人员水平交互项、政府创新战略与企业创新文化的交互项对创新绩效存在显著影响。

表5-26 北京市政府政策与人力资本各维度
交互作用对产业创新的影响

		项 目	第一步	第二步	第三步
独立变量	一	企业研发人员创新能力（Q1）	0.000**		
		企业管理人员创新能力（Q2）	0.107**		
		企业技能型人员创新能力（Q3）	0.063**		
		企业战略的环境适应能力（Q4）	0.421**		
		企业人力资源管理制度激励能力（Q5）	0.163**		
		企业创新文化支持能力（Q6）	0.204**		
		科研院校人力资本能力（Q7）	0.769**		
		产学研创新协作能力（Q8）	0.642**		
	二	创新战略（Z1）		0.156**	
		创新法律（Z2）		0.148**	
		综合支撑政策（Z3）		0.021**	
		人才政策（Z4）		0.095	
	三	Z1×Q4			0.299**
		Z4×Q1			0.256**
		Z5×Q6			0.430**
模型摘要	R		0.557	0.316	0.655
	ΔR^2		0.310	0.100	0.002
	F		11.606	4.071	0.049

注：** 表示在0.01水平上显著。

由表5-27,第二步结果显示天津市的政府职称因素对战略性新兴产业创新绩均效存在显著影响,但是要注意综合支撑政策的回归系数为负值。第三步是将政府因素作为中介变量与企业及科研院校因素交互作用后研究对创新绩效的影响,结果显示创新战略与环境适应性交互项、政府的创新法律与企业研发人员水平交互项、政府人才政策与企业创新文化的交互项对创新绩效存在显著影响。

表 5-27　　天津市政府政策与人力资本各维度交互作用对产业创新的影响

	项　目	第一步	第二步	第三步
独立变量 一	企业研发人员创新能力（Q1）	0.070**		
	企业管理人员创新能力（Q2）	0.092**		
	企业技能型人员创新能力（Q3）	-0.106**		
	企业战略的环境适应能力（Q4）	0.144**		
	企业人力资源管理制度激励能力（Q5）	0.550**		
	企业创新文化支持能力（Q6）	0.260**		
	科研院校人力资本能力（Q7）	0.478**		
	产学研创新协作能力（Q8）	0.367**		
二	创新战略（Z1）		0.067**	
	创新法律（Z2）		0.338**	
	综合支撑政策（Z3）		-0.188**	
	人才政策（Z4）		0.151**	
三	Z1×Q4			1.172**
	Z2×Q1			0.314**
	Z4×Q6			0.704**
模型摘要	R	0.771	0.679	0.621
	ΔR^2	0.595	0.462	0.023
	F	8.576	5.000	0.690

注：** 表示在 0.01 水平上显著。

由表 5-28 可知，第二步结果显示政府职称因素对河北省战略性新兴产业创新绩效均不存在显著影响；第三步结果显示政府职称因素作为中介因素与企业及科研院校因素交互作用的 32 个维度中有两个维度对产业创新绩效存在显著影响，这两个维度为政府有关产业创新法律环境与企业管理人员水平交互作用项、政府所制定的与产业发展相关的人才政策与科研院校人力资本水平交互项，说明河

第5章 京津冀战略性新兴产业人力资本创新绩效影响因素研究

北省有关战略性新兴产业的法律环境与人才环境在不断改善,企业管理人员知识产权意识的增强有助于提升新技术新知识的商业化与效益化进程。

表 5-28　　　　河北省政府政策与人力资本各维度
交互作用对产业创新的影响

		项　　目	第一步	第二步	第三步
独立变量	一	企业研发人员创新能力（Q1）	0.187		
		企业管理人员创新能力（Q2）	0.893**		
		企业技能型人员创新能力（Q3）	0.393		
		企业战略的环境适应能力（Q4）	0.776**		
		企业人力资源管理制度激励能力（Q5）	0.045**		
		企业创新文化支持能力（Q6）	0.430		
		科研院校人力资本能力（Q7）	0.563		
		产学研创新协作能力（Q8）	0.235		
	二	创新战略（Z1）		0.171	
		创新法律（Z2）		0.112	
		综合支撑政策（Z3）		0.271	
		人才政策（Z4）		0.175	
	三	Z2 × Q2			0.635**
		Z4 × Q7			0.344**
模型摘要		R	0.272	0.316	0.992
		ΔR^2	0.209	0.100	0.110
		F	4.330	1.841	3.165

注：** 表示在 0.01 水平上显著。

从表 5-29 不难看出,河北省战略性新兴产业的产业环境因素与政府支撑因素对创新绩效的影响并不显著,而且对人力资本投入要素的中介影响亦不显著,说明人力资本的创新主体地位并未凸显,政府与产业协会、中介组织对战略性新兴产业的导向和扶持作用有限。相比而言,创新主体人力资本水平、产业环境因素、政府支撑因素对北京与天津的产业创新绩效均有显著影响,但是产业环境因素与政府支撑因素对人力资本投入要素的中介作用并不显著，交互影响显著的项目数量很少，说明政府与产业协会、中介组织的工作重心与战略性新兴产业发展的需求间还存在较大的错位。

表5-29　京津冀战略性新兴产业人力资本创新影响因素对比

因素类别	因素名称	激励因素 北京	激励因素 天津	激励因素 河北	制约因素 北京	制约因素 天津	制约因素 河北
创新联盟人力资本创新影响因素	企业研发人员创新能力（Q1）	√			C2×Q1	C3×Q1	√
	企业管理人员创新能力（Q2）	√		√	C2×Q2	C3×Q2	√
	企业技能型人员创新能力（Q3）	√			C2×Q3	C3×Q3	√
	企业战略的环境适应性（Q4）						
	企业的人力资源管理制度（Q5）						
	企业创新文化支持能力（Q6）						
	科研院校的人力资本水平（Q7）	√			C2×Q7	C3×Q1	√
	产学研创新协作平台（Q8）						
政府角度人力资本创新影响因素	产业创新战略（Z1）	√				√	√
	法律环境（Z2）				√	√	√
	财税政策（Z3）		√		√	√	√
	人才政策（Z4）	√	√				√

· 188 ·

第5章 京津冀战略性新兴产业人力资本创新绩效影响因素研究

续表

因素类别	因素名称	激励因素 北京	激励因素 天津	激励因素 河北	制约因素 北京	制约因素 天津	制约因素 河北
产业角度人力资本创新影响因素	产业管理制度（C1）	√	√	√	C1×Q2		√
	产业竞争性（C2）	√	√				√
	产业管理人员水平（C3）	√				√	√
交叉影响因素		C1×Q5	C1×Q8	Z4×Q7	Z2×Q1	Z2×Q1	C1×Q1
		C1×Q6	C2×Q4	Z2×Q2	C4×Q1	Z1×Q2	C1×Q2
		C3×Q7	Z2×Q1		C4×Q2	Z4×Q3	C2×Q3
		Z4×Q1	Z4×Q6		C4×Q3	Z3×Q7	C2×Q1
		Z1×Q4	Z1×Q4		C4×Q7		Z1×Q8

· 189 ·

人力资本对京津冀战略性新兴
产业创新绩效贡献研究
Chapter 6

第6章 人力资本创新视角下提升
京津冀战略性新兴产业竞争力的
政策建议

第6章　人力资本创新视角下提升京津冀战略性新兴产业竞争力的政策建议

6.1　优化京津冀战略性新兴产业人力资本结构政策建议

战略性新兴产业发展是以科技水平和创新能力为主要支撑力的，京津冀三地战略性新兴产业发展水平不均与三地人力资本类型有直接关系。河北省人力资本主要存在的问题为"双高型"人才的短缺，即企业家人力资本和专业人力资本存量都不足。专业人力资本特指战略性新兴产业发展所需的专业技术人才，这类人力资本是产业创新的核心力量。天津战略性新兴产业短缺高端领军人物；而北京急需推动人力资本与产业的深度融合进而推动战略性新兴产业的品质迈向全球中高端。因此，从这一现状出发京津冀三地应因地制宜，优化战略性新兴产业人力资本结构，助力产业发展提速。

6.1.1　河北省多举措并举增加专业型人力资本和企业家人力资本的存量

要增加高级人力资本的存量，外部直接引进与内部培养的同步推进是稳妥保质的转换路径，河北省政府与教育部门可着力从以下三方面入手。

6.1.1.1　建立动态、与产业对接、开放的人才引进机制

在京津冀一体化背景下，河北省应立足京津冀，面向全国，建立科学、有效、规范的战略性新兴产业人才引进机制。人才的引进应该是有目的、有计划地进行，避免盲目性。

在这一过程中，要注意两方面问题。第一，人才引进要根据经

济发展的不同阶段特点，根据自身产业结构、行业结构的特点与要求来动态调整人才引进的类别、层次和数量。河北省长期以来，重视筑巢引凤，但一定程度上对高层次人才的追求挤占了其他层次类别人才的资源。河北省战略性新兴产业人力资本需求层次是多方面的，既需要科技人才，也需要企业家领军人物，更需要生产、营销、策划等类别的专业人才，人才偏重于实用性，不能单纯考察人才的学历和专业背景，在人才引进标准制定中要着重考察人才的专业背景和从业经验，不唯学历。引进标准与数量要进行动态调整。

第二，建议河北省政府应鼓励企业主动"走出去"，到国内甚至于国外战略性新兴产业发达地区学习取经。从人力资本视角来看，要着重学习人力资本引进、培养策略，对应本省经济发展需求，可以与发达地区的相应产业、产学研机构建立人才培养、使用的合作交流机制，为本省人力资本驱动产业发展提供外力支持。在这一过程中，企业与政府要着重资金支持的估算。由于人才的使用设计培养、使用、流动全系统过程，周期长，占用资金多，在本省资金有限的前提下，要做好资金的监管和审计。

6.1.1.2 对劳动力市场实施分层运作和管理，以流动提升人力资本使用效率

从前文分析可见，河北省当前短缺的人力资本类型为专业型人力资本、企业家人力资本。因此未来要在现有人力资本市场上逐渐引导人力资本分层聚集，并打破地域壁垒，引导本省高端人力资本与京津两地创新联盟成员开展多形式的交流，促进三地战略性新兴产业人力资本市场的有效融合。具体来看，河北人力资本市场需要从以下几个方面入手开展工作。

（1）突破壁垒，增强人力资本主体的市场流动性。构建高效人力资本市场的前提是建立人力资本所有者独立的主体地位。当前我

第6章 人力资本创新视角下提升京津冀战略性新兴产业竞争力的政策建议

国人力资本供需双方还面临阻碍市场主体地位形成的诸多因素。供给方还需突破户籍、档案等传统制约；需求方还受到非市场因素的干扰，企业对人力资本的使用还未完全市场化。由此可见，河北省既要从企业人事制度改革入手，增强企业用人的市场化地位，实现人力资本供需的直接对接；同时更要突破行业、部门、地域人力资本流动的障碍，由此盘活本地乃至区域的人力资本市场。

（2）下大力气培育人力资本中介机构。人力资本中介机构是区域人力资本交易的纽带，其可通过专业高效的工作获取人力资本各类信息，促进人力资本的供需平衡。调研发现，河北省当前人力资本中介机构不成规模，不够规范，还停留在低层次劳务派遣的水平，对于中高端人力资本的开发能力尚未形成。由此可见，政府应采取具体措施扶持培育各层次中介机构。首先，扩大规模。鼓励引导现有人力资本中介组织强弱联合、强强联合，通过规模扩张提升组织市场掌控能力，提升该类企业的市场效益。其次，完善服务领域，从简单的人事关系代理、低端劳务派遣业务领域向猎头、跨区域人力资本交流会等高端服务领域发展，以有效对接京津两地高端人力资本的流动需求。

（3）逐渐形成行业运营规则与机制。在行业中推行和鼓励公平竞争、诚实守信的行业规则。首先，政府从市场监管与引导方面转变自身职能，促进该类行业的快速发展。一方面，要加强行业公平发展的制度立法；另一方面，明确政府在中介市场的定位与职责，加快政府从人力资本配置与流动的干预职能中退出，以促进人力资本市场化的进一步形成。其次，从秩序整顿、宏观引导方面入手开展积极工作，着重引导人力资本向本省特色的战略性新兴产业类别、重点项目方面流动，保证本省经济发展的需求。此外，政府还可以加快信息数据库等基础设施的建设，加强官方人力资本供求信息发布、预测、预警职能的建立，充分利用现代化信息渠道，降低京津冀三地人力资本流动的成本。

6.1.1.3 建立与新兴产业需求相适应的人力资本形成机制

（1）构建供需对接的人才培养模式，提高人力资本存量。从前文可见，河北省教育投资总额从总量和相对量来看都不高，这严重制约了人力资本存量的提升，进而制约了战略性新兴产业人力资本推动下的绩效提升。传统的培养模式供需脱节，造成大量人力资本无法满足企业需求，未来要大力发展"干中学"人才培养模式。原因在于，人力资本的形成与提升都是需要可持续性学习的支撑，这一过程需要与实践的互动，更需要与多种类型人力资本的互动。依据学习曲线的原理，人力资本形成与提升过程具有报酬递增规律。因此，战略性新兴产业就可以依托高层次科技人才的支撑实现快速发展与品质提升。

在中高端人力资本培养过程中，要将政府、企业与个体三方力量汇聚一体，方向一致，步调一致。此外，在人才培养主体高校中，要响应时代、社会发展的需求，开设与战略性新兴产业对接的相关专业，也可以引入市场机制来考核高校人才培育质量。更为重要的是，引导高校科研人员深入战略新兴行业企业，参与科研工作，或鼓励企业在高校开展人才培养的委托工作，使学研双方的人力资本都得到充分的共享与流动，在具体工作中提升高校人才培养实效性，在学习中提升企业人才的学术层次与科研能力。

（2）着力推进跨学科建设和复合型人才培养。从前述分析可见，河北省战略性新兴产业急缺复合型人才。创新是战略性新兴产业发展的动力源，但创新过程的复杂性与创新资源的多样性，使得单一专业或学科的人力资本无法驾驭或实现创新的过程与产出。因此复合型人才是河北省战略性新兴产业实施创新式发展首需的人才。以生物医药产业为例，复合型人才的获取仍需要引进与自主培

第6章 人力资本创新视角下提升京津冀战略性新兴产业竞争力的政策建议

养双管齐下。一方面,借鉴国外此类人才培养的成功经验,依托特定区域或高校设立生物医药的跨专业实验基地,比如美国国家科学基金会推出的"集成性研究生教育科研培训计划"以及印度班加罗尔的"跨学科生物学"博士生培养计划,进而实现复合型人才培养的自我供应。另一方面,就是采取多种方式积极引进与此类行业发展对接的国内和国际高端人才。

客观来看,人力资本尤其是中高端人力资本的形成周期较长,因此需要政府将专业化和复合型人才培养作为本省的战略性工程来抓,不断根据市场的需求,优化和完善人才培养模式,着力打造"人才—创新—产业发展"的可持续发展模式。

6.1.2 天津战略性新兴产业积极获取高端人才支持

6.1.2.1 天津战略性新兴产业高端人才需求类型

(1) 创新型领军人才。从前述数据分析结果来看,天津市战略性新兴产业急需创新型领军人才。首先,创新型领军人才指的是在国际特定研究领域,已经具备国际领先或顶尖研发能力,能够带领团队实现某一技术领域的突破,已经在研究方向选择、实验组织、实验推进、实验资源获取与配置方面具备了丰富的管理经验的人。这类人才可以促进天津市一些战略新兴企业成长为行业骨干力量或拥有自主知识产业的科技领军单位。

(2) 科研管理人才。科技创新并非只停留在实验室研发环节,创新绩效的实现需要从创新源获取、创新实验、创新转化全流程的配合。因此科研管理人才同样是天津战略性新兴产业需求的重点人才类型。这类人才熟悉创新实现的各个核心环节,在技术孵化阶段,他们熟知人才、技术、资金等关键资源的评估与选择;在项目实施阶段,他们基于自身对行业发展现状与方向的把握,能够设计科学可行的经营模式，推动研发成果市场化、产业化；在项目成长期与成熟期，他们能从战略层面掌控企业发展方向，参与市场培养。

（3）科技创业人才。从全球发展过程来看，战略性新兴产业科技水平迭代速度不断加快，因此，需要有新鲜力量不断加入这个行业，他们就是科技创业人才。此类人才可以通过自身拥有的科研成果或发明专利成为企业创办人、项目负责人、企业技术股东，伴随国家鼓励科研人才参与企业科技创新的措施出台，此类人才必定成为天津市战略性新兴产业发展的新动力。

（4）支撑性专业人才。战略性新兴产业的成长与成熟需要多类别专业人才的支撑，比如管理咨询师、注册会计师、知识产权人才、金融人才等。这些人才对行业发展形势、发展走向预判、资金监管、知识产权的使用、保护管理及资本运作等方面提供专业高效的支持，因此此类别人才同样是天津市战略性新兴产业发展不可或缺的人才类型。

6.1.2.2 天津战略性新兴产业高端人才发展对策建议

（1）丰富激励政策类别。从上文分析不难看出，高端人才是天津市战略性新兴产业发展的基石。结合高端人才职业生涯发展需求和个性化特定，天津市应在现有的激励政策基础上，不断丰富、不断细化。建议从以下三个方面加快政策细则的制定。首先，从研究平台和发展空间上打造宽松和谐的大环境，如政府可以从研发平台搭建到团队成员的配套方面入手开展工作；其次，从薪酬与考核的科学对接入手，打造科学可行且富有竞争力的薪酬政策，以解决高端人才的后顾之忧；最后，从项目的申请、实施管理到团队成员获取方面给予充分的自主权，帮助高端人才专注与项目运行。

（2）全面的福利政策。针对高端人才基本的生活需求，建立健全福利政策细则，着手打造系统化的福利政策体系。对高端人才关

第6章 人力资本创新视角下提升京津冀战略性新兴产业竞争力的政策建议

注的福利方面,如自身与家人的医疗、养老、住房以及子女教育、配偶就业,天津市要整合社会资源,进一步补充现行制度的不足之处,采用灵活的津贴或补贴方式打造完善的福利支持,成为激励政策的有效补充。

(3)差异化的人才政策。要分别针对领军人才、创业人才、支撑性人才制定差异化的人才政策,使得各类人才感觉到足够的重视,以获取充分的政策激励效果。首先,针对领军人才,主要完善项目启动资金支持、后续资金扶持方面的人才获取政策。在各级各类项目申请、项目运作的申报、立项方面优先考虑,使得领军人物有项目作,以项目搭平台,以项目引人才。其次,针对创业人才,要进一步细化科技人才创新创业政策细则。在创业资金、土地征用、税收优惠、技术入股方式方面给予大力支持,千方百计降低新创战略新兴企业的运行成本,以创业带动人才成长,以创业带动产业发展。最后,针对支持型各类人才,同样加大引进力度。在前两类人才引进的同时,鼓励团队型引进,即领军人才与创业人才可以自带团队,以团队的形式整体进入天津发展;同时从专业项目扶持、资金支持等方面鼓励此类专业人才发展科技服务型企业,以科技型服务中介的成熟发展解决战略性新兴产业发展过程中的配套资源制约。

6.1.3 人力资本推动北京战略性新兴产业发展质量迈向全球中高端

北京的发展定位是全球科技创新中心和国际创新城市,因此还需进一步提升人才开发强度,促进全球人力资本为北京战略性新兴产业发展服务。建议北京市从以下三个方面入手开展工作。

第一,从投入方面来看,北京作为全国乃至全球创新高地,政府可以鼓励或引导多种资金投入科技创新,如外资、民资都可以为战略性新兴产业的研发投入提供支持。从产出方面来看，政府可以从全球层面拓宽科研成果转化渠道，对接国际同类产业发展需求，鼓励企业形成产出、再投入、再研发的良性循环。

第二，北京要充分重视海外人力资本这一群体的引进、使用和激励工作。借鉴国外成功区域的先进做法，从教育、就业环境方面提升对海外人才的吸引力度，同时要加大海外人才对本土人才的带动效果。

第三，充分利用现有高素质人才聚集、海外人才数量充裕的优势，引导这两类人才向企业流动、向实体产业流动，提升高端人才的创新产出效率。同时要着重解决北京战略性新兴产业全球价值链分工的提升问题，以人才创新提升产品的科技含量，以科技领先促进产业的高端攀升，以产品提升促进产业的对外贸易质量，进一步打造人才高地推动下的北京战略性新兴产业发展的创新式发展。由于各地都在积极引入人才，因此，北京要充分利用城市的国际化平台，为本土和海归人才打造开放、自主的发展空间。在京津冀三地中形成领军态势，同时带动津冀两地的协同发展。

6.2 人力资本视角下京津冀战略性新兴产业创新支撑平台的构建

6.2.1 合理选择战略性新兴产业创新模式，提升政、产中介作用

战略性新兴产业创新系统是政、产、学、企多主体协同创新的过程，从对比分析结果来看，三地战略性新兴产业的创新模式并不相同，北京市与天津市的政府推动作用明显，属于政策导向

第6章 人力资本创新视角下提升京津冀战略性新兴产业竞争力的政策建议

型,但河北省的企业主体地位与政府主体地位均不突出,造成企业的创新需要与政府政策导向错位,政府产业管理效率低下,产业创新绩效不佳。笔者认为北京与天津战略性新兴产业已进入成长期,可以由初创期的政策推动型转变为市场需求导向型,政府与产业协会的工作重点不再是直接干预创新资源配置,而是通过调研企业的创新需求,通过协调创新要素投入结构来间接影响产业创新产出。相对而言,河北省的战略性新兴产业体量小,产业集聚性差,仍需要政府大力推动,因此仍适用政策导向型,需要政府学习借鉴京津两地管理经验,加强调研,从战略导向、法律保障、人才支撑到政府管理水平四方面入手强化政策的系统性与可操作性。

6.2.2 定位不同产业链位置,京津冀战略性新兴产业实施错位发展,提升产业链与人才链的协同性

京津冀三地战略性新兴产业类别的选择趋同,这必然会造成对创新型人力资本的内部争夺,不利于三地创新资源的共享,这从京津对河北人才的"虹吸效应"可见一斑。因此,笔者认为三地应依托产业链的不同链端,分别选择输入、过程、输出不同的产业链端作为同类产业的发展定位,使得各自人力资本的需求类别形成错位互补关系。以产业链对不同层次人力资本的需求拉动人才的流动,合理配置区域人力资本,减少内耗。以人力资本创新延长产品生命周期,将产品生命周期这一抑制因素转化为促进因素。需要注意的是,由于地域与资源限制,河北省的多数产业类别长期处于整个产业链的上段,技术含金量低,产业创新绩效差,在未来的发展中,河北省要深入挖掘当地人力资本优势,努力抓住若干产业的中下游链端,打造高附加值产业类型,提升对相应高端人力资本的需

求量与保留量，以事业留人，而非仅依赖政府人才政策吸引人力资本。

6.2.3 构建京津冀人力资本合作法制体系，提升三地人力资本合作的实施效果

法律环境因素在三地均为抑制因素，且从交叉影响的角度制约人力资本的创新水平提升。由于当前京津冀人力资本共享共用均以"联席会议"、合作协议、合作发展规划的形式来推进，缺乏高层次、具有监管执行力的法律法规，对三地人力资本的互通互融监管力度松散。建议全国人大研究出台《京津冀区域人力资本合作条例》，据此条例，京津冀三地再制定地方法规性质的人力资本合作实施办法，以满足自身与区域的发展需要。重视人力资本合作立法工作，可以有效避免人力资本合作的随意性。同时还可以设立京津冀人力资本合作行政管理机构，工作人员可由国家人社部门、省级人民政府、行业管理资深人员组成，突破行政边界与区域边界，对三地人力资本的培养、配置、流动、互评、共享进行宏观上的调控。

6.2.4 打造区域整体创新支撑环境，提升京津冀战略性新兴产业系统创新绩效

三地的产业与政府支撑因素均从不同角度、不同程度制约人力资本创新绩效的形成，因此三地政府应从区域整体层次出发，以全局战略性新兴产业发展需求为导向，构建支撑创新的产业与政策环境。尤其是河北省，因着重从产业管理制度、产业创新战略、产业财税、人才政策等方面向京津两地学习借鉴，努力通过产业发展环境的优化与改良吸引产业人才合理流入。此外，三地共性的短板是

第6章 人力资本创新视角下提升京津冀战略性新兴产业竞争力的政策建议

政府相关工作人员与产业管理人员的专业化水平不高,这就导致政府支撑政策和产业管理水平与战略性新兴产业的发展速度脱节,因此三地应借鉴长三角、珠三角及国外同类区域的管理经验,选用高素质、专业性强的政府与产业工作人员,强化培养与专业提升,增强区域创新支撑政策的一致性和协同性。

6.3 战略性新兴产业内企业人力资本开发策略改进建议

企业是产业创新的最终主体,战略性新兴产业企业的人力资本创新效率良莠不齐,企业微观因素亦是主要影响因素,因此笔者认为,三地战略性新兴产业内企业亟须建立现代化人力资源管理体系,同时加强职能管理体制的建设,促进企业创新型战略的落地。本书着重结合调研访谈所发现的三地战略新兴企业突出及共性的人力资本管理问题进行细节探讨。

6.3.1 招聘信息甄别技术在人员获取过程的应用

作者通过走访调研发现,企业普遍存在高技术人才、中高级管理人才招聘难,而好不容易获取的高端人才通过实际工作检验,又无法有效满足企业需求的现象。课题组分析认为,主要的症结在于招聘信息不对称,造成供需错位,也就是说供需双方对彼此的信息均缺失甄别技术,造成招聘效果较差,入职后的高端人才流失比较严重。因此我们要解决的问题是如何使双方的信息能更加透明。

因此在企业高端人才招聘过程中,有必要使用信息甄别技术。此种技术致力于使供需双方能够尽可能在信息对称的前提下进行互动选择。比如，战略新兴企业希望能够招聘一位具有行业发展预测能力、且有开拓精神的管理人才，可参考如下方式进行人才的甄别。我们首先应明确，具有行业发展预测能力及开拓精神的管理人才，性格特征或胜任力特征中应具备不墨守成规、富于创见性、乐于冒险、有求新精神等特质，因此企业在招聘过程中，应该通过甄选方式的设计来对这些特质加以识别。例如，企业可以通过两种薪酬方式来考验应聘人员的冒险精神，对固定薪酬更青睐的人冒险精神较差，更容易接受弹性薪酬的人冒险精神更强。此外，这种方法也适用于现有员工的筛选，对企业或行业有信心的员工更倾向于选择高风险性薪酬，而对自身或企业预判不自信的个体则会选择固定薪酬占比更高的方式。

6.3.2 通过创新激励机制增强人力资本的积极性

创新能力的可持续性决定了战略性新兴产业企业的生存与发展，而企业创新能力根植于企业人力资本的创新效率，因此与传统企业相比，战略新兴企业更要强化对人力资本的创新激励，企业在设计与选择创新激励措施与手段时，要注重以下两个方面的影响因素。

第一，创新的风险性对激励效果的影响。作为典型的创新型企业，创新贯穿企业经营、工作的各个流程、所有环节。然而创新的风险性，使得采用创新式工作模式的员工需直接承担对应的失败后果，因此，企业需要考虑如何应对创新失败风险给员工造成的物质与精神上的影响，进而选择合理的激励方式。

第二，企业要具有应用发展性激励理念。作为发展势头迅猛的新兴产业，战略性新兴产业中的企业可以通过创新迅速占据市场的主导地位。这种快速扩张可以给企业带来较高的收益回报。这种收

第6章 人力资本创新视角下提升京津冀战略性新兴产业竞争力的政策建议

益对企业各类人力资本而言,可以获取两个方面的所得。一方面是既定的物质收益,从高层管理者到业务骨干到基层员工,都可以在企业的创新式发展中受益;另一方面是从内在收益来看,职位提升、能力提升、经验丰富的受益对于各层各类人力资本的激励效果更加理想。根据弗洛姆的预期理论,员工对未来的发展机会与变动性收益更加看重,其对工作效率的提升作用更加明显。因此针对战略性新兴产业短缺的高级管理人才与技术创新人才,应该采用不同的激励管理方式。

6.3.2.1 管理人才的激励考核

对于管理人才的激励工作,我们可以借鉴以下做法和经验。由于管理层的管理绩效与企业的命运直接相关,因此,企业应该将高管的待遇与企业发展的压力相对接,向高管传递两个信息:一是同舟共济,将高管的薪资与企业发展绩效指标对接;二是将这一方式在绩效考核中体现,采用结果导向的方法考核高管人才。

具体来看,战略新兴企业要善于应用期权与期股的薪酬激励方式。美国同类企业有较为成功的经验。美国战略新兴企业通常会采用期权激励的方式,将管理人才的个人目标与企业经营目标相对接。股票期权的预期收益性与战略性新兴产业的高增长性非常一致,因此战略新兴企业应用这两个特点的一致性,对高层管理人员实施期权激励与制度约束,既能推动管理层关注企业的长期发展,又能降低信息不对称所出现的道德风险。就我国战略新兴企业而言,尽管采用此类激励方式历史不长,但联想、华为都有较成功的做法,因此河北省战略性新兴产业企业可以借鉴同类做法。

同时,结合河北省战略性新兴产业企业的特点,在使用期权激励方式时还需要注意问题的规避。如,河北省多数战略新兴企业均为非上市企业,那么股权的市场价值如何确定,就有比较大的难度，同时如果企业的增长速度较慢，高管层不能通过股权得到预期的收益，那么此种激励方式的效果会大打折扣。此外，良性竞争的市场环境和法律环境也是实施此种激励方式的重要前提，竞争环境决定了行业发展的规范性和收益性，法律环境则在监控道德风险，因此在这一方面河北省需要加大建设力度。

再有，要重视管理人才的绩效考核工作。科学公正的绩效考核是激励有效性的保障与前提。管理人员的激励手段必须基于科学的绩效评估，有效、客观的绩效评估是发现管理问题、提炼培训需求、形成绩效反馈的基础工作，良性的绩效反馈是推进创新工作的重要激励手段。绩效考核的公正性同时会影响管理类员工对公司的忠诚度，由于考核不公正造成的薪酬分配失衡是造成核心人才流失的重要原因。同时值得战略新兴企业注意的是，绩效管理在给管理人员指明问题、提升动力的同时也可能会造成士气的下降，因此人力资源管理部门及管理层要注意绩效考核的目标清晰性，同时要注意考核指标难易程度的管控，要善于应用 SMART 原则制定绩效目标与筛选指标，促进绩效管理手段成为战略新兴企业创新管理的引导员，牵引员工进行持续性创新工作。

6.3.2.2 技术创新人才的激励与考核

技术创新人才主要分为基础研究人才和应用开发人才。基础研究人才主要工作是探究科技本真在经济社会领域应用的可行性，多数是解决企业或行业发展过程中原理性问题；应用开发人才是将已经论证过的原理性成果转化为新材料、新工艺、新产品等企业发展所需的创新性成果，这些成果是企业实现经济价值与行业发展的基石。由此可见，原理性研究与应用开发性研究是战略性新兴产业这一新兴业态发展不可或缺的工作类别。纵观河北省此类工作现状，相关的人才投入与产出均不理想，除去外围资源支撑、企业规模等

第6章 人力资本创新视角下提升京津冀战略性新兴产业竞争力的政策建议

显性问题外,主要的症结在于企业对于研发创新类人才的激励机制不够健全。建议从以下几个方面进行完善。

首先,技术创新人才的薪酬模式。从投资收益角度来看,技术创新人才均经历较长的教育与培训准备,前期的人力资本投入高,因此他们对未来的收入预期要高于普通员工。因此借鉴期望理论,目标预期可以有效地转化为行为动机,激发人某一类行为的发生频率。因此战略新兴企业同样可以采用股权激励这一长期激励手段,来满足技术创新人才对未来薪酬收入的高预期。同时,股权激励也可以体现技术创新人才的社会地位与事业成就,提升此类人才的精神愉悦感。

同时,战略新兴企业需要注意,除去股权激励这一长期薪酬激励手段外,基于能力、技能或知识的基本工资制度也需要同时建立,这是满足技术创新类人才短期薪资预期的支撑。基于能力的工作制度可以有效地引导员工不断提升专业技能,员工之间的技能提升形成合力,进而形成企业整体的竞争实力。此外,值得一提的是,此类人才的绩效考核同样要关注员工的能力发展,形成统一导向,以能力来引导此类人才重视创新、主动创新,从而形成可持续性创新能力。

其次,技术创新类人才的长期激励计划。华为等国内外高技术企业应用员工持股作为员工的长期激励手段,取得了良好的管理效果和经济效益。此类方法的关键在于通过员工持股将关键人才与企业发展建立了密切的联系,将个人发展与企业前途进行了有效的对接,将企业发展风险与员工工作投入进行了合理的关联,引导员工关注企业发展的效率与风险,从本职工作入手控风险、提实效。

战略新兴企业由于发展的速度较快,风险性相交于传统行业偏高,因此在使用持股计划这一长期激励手段时,要尤其注意风险的分散。有些企业由于经营业务门类单一,必然造成长期发展的风险增加，因此不能强制要求员工入股或持股，不能将企业经营的风险转嫁给员工，一旦出现负面问题，将极大地打击创新类技术人才对企业的信任感和忠诚度。而是要在自愿的基础上，鼓励员工形成合理的投资形势，参与企业建设。

战略性新兴产业企业的发展主要依赖于核心员工或者说技术类人才，尤其是对于轻资产发展模式的企业，因此，建议此类企业还可以引入效率工资这一传统的激励方式。效率工资隐含了理性行为人与经济人的预期假设。其内在的含义是：理性行为人如果预期自己因为低效率工作而被企业辞退后，在外部劳动力市场无法再获得同类型工作的时候，员工会形成主动高效工作的意识与行为，以此来保证自己不被用人单位辞退。因此这一原理鼓励战略新兴企业适当提高技术类人才的薪酬水平，以此提高他们的失业隐形成本。

最后，技术创新人才的绩效考核。技术创新人才的绩效考核不能简单以岗位职责作为单一依据，还要考虑创新工作的内容易变性和风险性，在考核对象与考核指标设计时要进行分类考核。一般情况下，按照创新职责的大小不同，可将技术创新人才分为创新领军人员、创新骨干人员与创新实施人员，建议对三类人员建立相应的素质模型，不同类别人员的考核指标即使相同，对应的权重也应有差别。值得注意的是，企业的创新工作是系统性过程，因此技术创新人才的考核也可以借鉴系统科学的思路展开。即，在考核工作实施之前，先对技术创新人才本身及外部工作环境进行客观的分析，梳理影响创新绩效的因素类别，引入考核指标的设计中。如技术创新人才的主体因素会包括：个体素质、创新意识、知识结构、抗压能力等；创新的外部因素会包括：组织中的创新文化、团队管理模式、科研平台与资源支持、研究机制等，因此对创新绩效的考核也要赋予外部因素相应权重，避免将创新风险全部归咎于创新员工自身的片面做法。

人力资本对京津冀战略性新兴
产业创新绩效贡献研究
Chapter 7

第7章 研究结论与展望

第7章 研究结论与展望

在传统工业面临产能过剩及资源约束的背景下，转变经济增长方式与调整经济结构成为保持经济可持续发展的唯一出路，新兴产业已经成为推动经济发展的重要驱动力量。在这种背景下，人力资本对京津冀战略性新兴产业创新绩效贡献研究成为政府、企业和学术界普遍关注和探索的热点问题。

从现实层面看，由于环境因素、结构因素、组织因素和个体因素的影响，河北省战略性新兴产业创新绩效在京津冀三地中难以重点突破和整体提高。如何从人力资本创新的角度，探讨三地战略性新兴产业创新绩效的差距，实现区域协同发展是一个比较迫切的问题。本书以人力资本对京津冀战略性新兴产业创新绩效贡献研究为选题进行深入研究，旨在更系统地探讨和解决有关人力资本创新对三地战略性新兴产业创新绩效贡献方面的问题。从理论层面，由于战略性新兴产业概念提出时间较晚，战略性新兴产业人力资本对创新绩效贡献度研究也较薄弱，深刻分析三地战略新产业人力资本对创新绩效贡献程度有助于为政府人力资本决策提供指导意见和建议。本书综合运用人力资本理论、区域创新理论等技术经济学领域的研究成果，以战略性新兴产业人力资本测度和创新效率评价结构体系构建为突破口，采用规范研究、调研访谈、问卷调查、实证研究相结合的方法，深入探讨了人力资本对京津冀战略性新兴产业创新绩效的相互关系和作用机理，为实现京津冀人力资本协同驱动下的战略性新兴产业创新绩效提升提供分析框架和理论依据。

本书首先通过文献资料法全面梳理关于人力资本对战略性新兴产业创新绩效贡献等相关研究的理论成果，把握最新研究动态，为后续研究奠定良好的理论基础。在此基础上，本书从创新效率角度对战略性新兴产业创新效率进行评价，探索创新的主要影响因素。分别研究了不同战略性新兴产业的创新效率与人力资本关联度，重点考察河北省与京津的差异情况。之后，以战略性新兴产业企业为

人力资本对京津冀战略性新兴产业创新绩效贡献研究

主体,从政府宏观政策、行业中观因素、企业微观因素三个层面进行系统的创新影响因素分析。最后,以上述研究为基础,针对三地战略性新兴产业的现状与问题,笔者从人力资本协同驱动视角提出了提升京津冀战略性新兴产业竞争力的政策建议。

但由于京津冀三地战略性新兴产业的行业类型并不统一,在提炼影响三地战略性新兴产业创新影响的人力资本内外部因素过程中,为突出共性问题,可能会造成个性因素的缺失。在三地推动战略性新兴产业发展过程中,在协同发展的主导思想下,还要聚焦本地产业优势,因此在未来的研究中,应考虑三地战略性新兴产业的产业结构对接需求下人力资本的现实问题,这也是笔者未来的研究方向。

附录

人力资本对京津冀战略性新兴产业创新绩效贡献研究调查问卷

尊敬的女士/先生：

您好！非常感谢您在百忙之中抽出时间参与本次问卷调查！

本问卷由河北地质大学商学院创新团队《人力资本对京津冀战略性新兴产业创新绩效贡献研究》课题组发出，旨在了解组织内外部人力资本对京津冀三地战略性新兴产业创新绩效的作用与影响因素。回收问卷仅供学术研究使用，没有任何商业用途。您所填写的所有信息我们都将严格保密。

基本概念解释

创新绩效：主要包括三个方面的含义。一是企业加强原始性创新，努力获得更多的科学发现和技术发明；二是企业实现创新转化，使各种相关技术有机融合，形成具有市场竞争力的产品；三是企业在引进国内外先进技术的基础上，积极促进消化吸收和再创新，对企业原有技术水平和产品类型进行升级改造。

人力资本：人力资本是通过投资形成的凝结在人自身体内的知识、健康、经验和教育等能力和素质的总和，是能够带来价值增值的资本。

第一部分　基本信息

组织所在省市		所属行业	
问卷填写者职位名称			

第二部分　影响企业创新的环境因素

1. 政府支持因素

请根据您的理解来评估政府对公司所在行业发展提供的支持程度，根据您对下列各陈述句的同意程度，请在选定的数字上画"√"：其中，1分表示实际情况非常不符合该条描述，3分表示中等符合，5分表示实际情况非常符合该条描述。

序号	因素	1 非常不同意	2 比较不同意	3 同意	4 比较同意	5 非常同意
1	政府积极制定产业创新发展战略，指导和引导企业的创新活动	1	2	3	4	5
2	政府能够不断完善产业创新的法律环境（在知识成果创新、产权保护、成果转化等方面的立法）	1	2	3	4	5
3	政府能够为企业提供良好的产业创新环境（包括研发资金投入、政府采购、税收优惠、资金融通、产业政策、科技奖励政策、教育培训优惠政策等）	1	2	3	4	5
4	政府已出台并不断完善产业发展相关的人才政策（包括人才流动政策、人才吸引政策、人才评价制度与方法、人才科技创新奖励制度、人才医疗、住房、家庭等配套政策等）	1	2	3	4	5

2. 产业影响因素

请根据您的理解来评估公司所在行业的发展情况，根据您对下列各陈述句的同意程度，请在选定的数字上画"√"：其中，1分表示该情况非常不符合该条描述，3分表示中等正确，5分表示情况非常符合该条描述。

序号	因　素	1 非常不同意	2 比较不同意	3 同意	4 比较同意	5 非常同意
1	企业所在行业的行业标准、技术标准清晰完善，产业协会工作人员在产业管理制度调研、制定、完善方面具备的专业水平	1	2	3	4	5
2	产业内的竞争程度以及新竞争者进入难易度	1	2	3	4	5
3	产业结构及影响因素对技术创新的影响	1	2	3	4	5

3. 企业人力资本与管理水平因素

请根据贵公司实际情况，按照本企业与行业平均水平的对比（与国内同行进行比较），尽量客观地在选定的数字上画"√"：其中，1分表示贵公司情况非常不符合该条描述，3分表示中等程度，5分表示非常符合该条描述。

序号	因　素	1 非常不同意	2 比较不同意	3 同意	4 比较同意	5 非常同意
1	企业研发人员的水平高（对新技术的追踪、获取、开发能力及主动性）	1	2	3	4	5
2	企业管理人员的水平高（创新精神、管理专业能力）	1	2	3	4	5

续表

序号	因素	1 非常不同意	2 比较不同意	3 同意	4 比较同意	5 非常同意
3	企业技能型人员（营销、财务、生产人员）能够将创新中发现的问题反馈给管理及研发人员	1	2	3	4	5
4	企业能够制定有明确导向作用的发展战略并根据发展环境进行适时调整	1	2	3	4	5
5	企业内部人力资本培养、开发与使用、激励的有效性	1	2	3	4	5
6	企业具有鼓励支持创新的文化氛围	1	2	3	4	5
7	区域内科研院校人力资本的存量与创新能力	1	2	3	4	5
8	产学研各主体协同创新的主动意识、创新要素与信息的互通程度	1	2	3	4	5

4. 组织创新绩效

以下是关于贵单位创新绩效的描述，请根据贵单位过去三年（或成立以来）的实际情况做出选择。1分表示该描述在同行业内处于非常低水平，3分表示中等程度，5分表示该描述在同行业内处于非常高水平。

因素	1 非常低	2 比较低	3 中等	4 比较高	5 非常高
年专利申请数	1	2	3	4	5

问卷到此结束，谢谢您的参与，祝您工作顺利

参 考 文 献

［1］2010-2013年中国医疗设备及仪器仪表制造行业市场分析研究报告，http：//www.china-yaguang.com/news_show.asp？id=96，2014-04-02.

［2］2013年我国医药行业发展机遇分析，中国产业研究报告网http：//www.chinairr.org，2013-01-18。

［3］T.W.舒尔茨.论人力资本投资［M］.北京经济学院出版社，1990.

［4］白俊红.中国的政府R&D资助有效吗？——来自大中型工业企业的经验证据［J］.经济学（季刊），2011，10（4）：1375-1400.

［5］百度文库.2010-2013年中国计算机行业研究报告［EB/OL］.http：//wenku.baidu.com/view/2ad25903bed5b9f3f90f1cce.html，2011-9-26.

［6］百度文库.2011年中国通信设备行业发展（投资）预测分析研究报告（节选二）［EB/OL］.http：//kecheng.baidu.com/view/6b6944e9e009581b6bd9eb37.html？re=view，2014-1-1.

［7］百度文库.2011年中国通信设备行业发展（投资）预测分析研究报告［EB/OL］.http：//wenku.baidu.com/link？url=NyUR5hhEuGiO2GEWK8h-Y28rCMP3L64_vt8UbT1NvEHlWYzZg5_ bmqEPxtfDeMbSj11Kvfd6eEm3m03tdP6i2Nz2j1f2Q5Ukk0q5UOrPZwe, 2011-7-27.

[8] 百度文库. 2016年航空航天器及设备制造行业简析 [EB/OL]. https://wenku.baidu.com/view/975529ab7fd5360cbb1adbca.html, 2016-2-21.

[9] 百度文库. 电子及通讯产品制造业分析报告 [EB/OL]. http://wenku.baidu.com/link?url=B8XTgGDuW1TDHJFiW-5QQWIwmLR7G1sy3ODH0i8RIRnQGUJ27C7rDY_NgcssmNT1B8sIsEF8Uloqvj3s3OwtZG1MQcYVfpLay9nLiXIBry, 2013-12-26.

[10] 百度文库. 航空制造业深度报告：向飞机制造强国迈进 [EB/OL]. http://wenku.baidu.com/view/f21c7b0f7cd184254b353509.html, 2011-7-14.

[11] 报告大厅 (www.chinabgao.com). 通信设备制造业现状分析 [EB/OL]. http://www.chinabgao.com/k/tongxinshebei/28814.html, 2017-8-31.

[12] 蔡文科. 中国区域高技术产业创新驱动绩效研究 [D]. 哈尔滨工程大学, 2017.

[13] 曹虹剑, 李康. 中国高技术产业自主创新能力的影响因素 [J]. 经济数学, 2016, 33 (3): 77-82.

[14] 陈宝明. 加快科技成果转化的若干措施与政策建议 [J]. 中国高校科技与产业化, 2010 (6): 23-25.

[15] 陈恒, 侯建, 陈伟. 内外部知识源化、非研发对创新绩效影响的空间计量研究——以高技术产业为例 [J]. 科技进步与对策, 2018 (3).

[16] 陈建丽, 孟令杰, 姜彩楼. 两阶段视角下高技术产业技术创新效率及影响因素研究 [J]. 数学的实践与认识, 2014, 44 (4): 63-74.

[17] 陈凯华,官建成,寇明婷. 中国高技术产业"高产出、低效益"的症结与对策研究——基于技术创新效率角度的探究 [J]. 管理评论, 2012, 24 (4): 53-66.

[18] 陈凯华,官建成,寇明婷等. 网络 DEA 模型在科技创新投资效率测度中的应用研究 [J]. 管理评论, 2013, 25 (12): 3-14.

[19] 陈燕莹,黑启明. 人力资源柔性与创新团队建设及其组织结构关系研究——基于"互联网+"环境下的人力资本投资视角 [J]. 时代经贸, 2015 (7).

[20] 陈英. 河北省电子及通信设备制造业竞争力评价与分析 [J]. 东方企业文化, 2012 (23): 212.

[21] 川贺俊,陈华平,毕功兵. 一个基于产品水平创新和人力资本的内生增长模型 [J]. 数量经济技术经济研究, 2006 (9): 127131.

[22] 戴航. 我国高技术产业技术创新研究 [D]. 安徽农业大学, 2012.

[23] 戴魁早,刘友金. 市场化改革对中国高技术产业研发投入的影响 [J]. 科学学研究, 2013, 31 (1): 50-57.

[24] 杜宏巍,王文超. 河北省医药制造产业发展现状分析及对策建议 [J]. 中国市场, 2015 (30): 32-33.

[25] 封伟毅,李建华,赵树宽. 技术创新对高技术产业竞争力的影响——基于中国 1995-2010 年数据的实证分析 [J]. 中国软科学, 2012 (9): 154-164.

[26] 冯丽伟. 河北省电子及通信设备制造业竞争力评价与分析 [J]. 河北企业, 2014 (5): 69-70.

[27] 工商总局网站 http://www.gov.cn/xinwen/2017-06/19/content_5203712.htm, 2017-6-19.

[28] 龚晓鸿. 低空空域开放政策助推通用航空加速起飞

[C] // 长三角科技论坛——航空航天科技创新与长三角经济转型发展分论坛. 2012.

[29] 国际金属加工网. 中国航空航天器制造业现状 [EB/OL]. http://www.mmsonline.com.cn/info/144936.shtml, 2018 – 01 – 06.

[30] 韩晶. 基于 SFA 方法的中国制造业创新效率研究 [J]. 北京师范大学学报（社会科学版），2010（6）：115 – 122.

[31] 韩晶. 中国高技术产业创新效率研究——基于 SFA 方法的实证分析 [J]. 科学学研究，2010，28（3）：467 – 472.

[32] 何庆丰，陈武，王学军. 直接人力资本投入、R&D 投入与创新绩效的关系——基于我国科技活动面板数据的实证研究 [J]. 技术经济，2009，28（4）：1 – 9.

[33] 河北省人民政府网站. 河北省医药行业（产业）2013 年度发展报告 [EB/OL]. http://www.hebei.gov.cn/hebei/10730489/10757006/10757119/11813706/index.html, 2014 – 8 – 19.

[34] 洪进，李敬飞，李晓芬. 两阶段创新价值链视角下的我国医药制造业技术创新效率及影响因素分析 [J]. 西北工业大学学报（社会科学版），2013，33（2）：51 – 56.

[35] 胡蜂. 国内人力资本理论研究综述 [J]. 中国人力资源开发，2002（2）：24 – 26.

[36] 胡类明. 中国高新区人力资本与创新绩效研究 [D]. 武汉大学，2011.

[37] 江涛. 舒尔茨人力资本理论的核心思想及其启示 [J]. 扬州大学学报（人文社科版），2008，11（6）：84 – 87.

[38] 蒋天颖，王俊江. 智力资本、组织学习与企业创新绩效的关系分析 [J]. 科研管理，2009，30（4）：44 – 50.

[39] 解婷. 仪器仪表制造行业基本情况分析 [J]. 现代经济信息，2015（17）.

[40] 金伟. 通用航空业"低空"起飞 [J]. 中国经济和信息化, 2014 (11): 61-63.

[41] 孔祥一. 医药制造行业信用分析与展望 [EB/OL]. http://stock.hexun.com/2017-12-18/192015250.html, 2017-12-18.

[42] 李波. 低空改革助力通用航空起飞 [N]. 中国证券报, 2015-11-27 (A10).

[43] 李飞. 创业导向的产学协同创新机理研究——跨组织关系管理的视角 [D]. 浙江大学, 2014.

[44] 李福柱. 人力资本结构与区域经济发展研究 [D]. 东北师范大学, 2006.

[45] 李金华. 中国战略性新兴产业发展的若干思辨 [J]. 财经问题研究, 2011 (5): 4-10.

[46] 李立辉, 付冰婵, 万露. 湖南省战略性新兴产业创新效率研究——基于非参数的DEA—Malmquist指数方法 [J]. 广西职业技术学院学报, 2017 (5): 58-62.

[47] 李宁, 张佩琪, 徐可, 顾明华. 基于偏好多阶段DEA模型的高技术产业区域创新绩效评价研究 [J]. 工业技术经济, 2017, 280 (2): 57-65.

[48] 李培楠, 赵兰香, 万劲波 (2014). 创新要素对产业创新绩效的影响——基于中国制造业和高技术产业数据的实证分析 [J]. 科学学研究, 2014, 32 (4): 604-612.

[49] 李强. 中国高技术产业技术创新绩效评价研究 [D]. 山东大学, 2016.

[50] 李王芳. 企业内外部人力资本对创新绩效的作用机理 [D]. 浙江大学, 2014.

[51] 李向前, 黄莉. 包含教育和健康人力资本的省域全要素生产率研究——基于SFA与DEA的比较分析 [J]. 经济经纬. 2016

(5): 13~18.

[52] 李原, 虞华, 吴艳. 我国医疗器械产业及市场状况 [J]. 中国卫生产业, 2014 (14): 192-193.

[53] 李媛. 中国战略性新兴产业的成长机制与实证研究. [D]. 南开大学, 2013.

[54] 梁海明. 人力资本对区域技术创新能力的影响研究 [D]. 湖南科技大学, 2012.

[55] 梁文群, 牛冲槐, 杨春艳. 基于异质性随机前沿模型的人力资本创新效应研究 [J]. 科技进步与对策, 2016 (15): 145150.

[56] 刘秉镰, 徐锋, 李兰冰. 中国医药制造业创新效率评价与要素效率解构 [J]. 管理世界, 2013 (2): 169-171.

[57] 刘金涛. 异质型人力资本对经济增长作用机制研究 [J]. 经济问题, 2015 (8): 2226.

[58] 刘晓明. 科技创新是提高医疗器械产业在市场经济条件下竞争力的关键 [J]. 经济研究导刊, 2010 (13).

[59] 刘瀛华, 夏洪胜等. 技术创新与组织创新互动模式研究 [J]. 工业工程, 2003, 6 (1): 71-73.

[60] 刘迎春. 中国战略性新兴产业技术创新效率实证研究——基于DEA方法的分析 [J]. 宏观经济研究, 2016 (6): 43-57.

[61] 刘智勇, 胡永远. 异质型人力资本对技术进步的影响研究 [J]. 财经理论与实践, 2008 (2): 9699.

[62] 柳歆. 在高技术产业创新绩效及环境影响因素研究——基于区域的视角 [D]. 重庆大学, 2013.

[63] 鲁志国. 广义资本投入与技术创新能力相关关系研究 [M]. 上海三联书店, 2006: 7-85.

[64] 陆澜清. 中国医药行业现状分析——中国制药能力不断提

升[EB/OL]. https://xw.qianzhan.com/analyst/detail/220/180213-34287707.html, 2018-2-13.

[65] 栾恩杰, 王崑声, 胡良元, 等. 提升我国航天装备制造能力的思考[J]. 中国工程科学, 2016, 18 (4): 83-89.

[66] 罗伯特·卢卡斯. 经济发展讲座[M]. 南京: 江苏人民出版社, 2003.

[67] 茅宁莹, 张帅英, 褚淑贞. 基于DEA方法的我国医药制造业技术创新效率的实证研究[J]. 中国药房, 2012, 23 (5): 391-394.

[68] 梅静娴. 在高技术产业创新绩效及其影响因素研究——基于面板数据与半参数模型[D]. 江南大学, 2014.

[69] 苗晴, 戴强. 基于DEA分析方法的高技术产业创新效率研究[J]. 呼伦贝尔学院学报, 2017 (12).

[70] 牛冲槐, 唐朝永, 芮雪琴. 科技型人才聚集环境及聚集效应分析（五）——科技环境对科技型人才聚集效应的影响分析[J]. 太原理工大学学报（社会科学版）, 2008, 26 (3): 5-9.

[71] 彭城, 郑长德. 基于决策偏好两阶段网络DEA的我国科技投入效率研究[J]. 科技进步与对策, 2014, 12 (31): 125-129.

[72] 前瞻产业研究院邓斯扬. 中国成全球航空重要市场 国产零部件仍有待突破[EB/OL]. https://www.qianzhan.com/analyst/detail/220/170608-24383f2e.html, 2017-6-8.

[73] 赛迪智库计算机产业形势分析课题组. 计算机制造业: 稳中求进 环境向好[N]. 中国电子版, 2014-3-4 (4).

[74] 石翔. 中国将成外资药企扩张首选市场[J]. 中国医药指南, 2007 (7): 41-42.

[75] 石镇山. 智能制造: 仪器仪表产业面临的挑战和机遇[J]. 中国仪器仪表, 2012 (s1): 25-27.

[76] 史修松, 赵曙东, 吴福象. 中国区域创新效率及其空间差异研究 [J]. 数量经济技术经济研究, 2009 (3): 45-55.

[77] 孙虹, 俞会新. 河北省医药制造业技术创新效率及创新能力研究 [J]. 科技管理研究, 2012 (10): 85-90.

[78] 孙慧卿. 河北省高技术产业的发展现状与对策研究 [D]. 河北工业大学, 2009.

[79] 孙建, 齐建国人力资本门槛与中国区域创新收敛性研究 [J]. 科研管理, 2009 (4).

[80] 汪海霞, 王新. 产业升级、人力资本与企业自主创新能力关系研究 [J]. 工业技术经济, 2018, 37 (1): 103-110.

[81] 王博, 冯锋, 安庆贤等. 区域高新技术产业 R&D 活动效率分析与评价——基于一种新型改进两阶段网络 DEA 模型 [J]. 科技管理研究, 2014 (5): 59-64.

[82] 王朝晖. 企业跨组织研发合作与创新绩效的曲线关系研究: 研发人力资本的中介作用 [J]. 科技与经济, 2017 (12).

[83] 王家庭. 我国医疗设备及仪器仪表制造业的空间集聚的实证研究 [J]. 岭南学刊, 2012 (6): 111-116.

[84] 王金营. 人力资本在技术创新、技术扩散中的作用研究 [J]. 科技管理研究. 2000 (1): 1214+29.

[85] 王萌萌. 在创新资源集聚水平对高技术产业创新绩效影响的实证研究 [D]. 湖南大学, 2015.

[86] 王伟. 基于改进 DEA 的中国高技术产业技术创新效率研究 [J]. 科技进步与对策, 2011, 28 (17): 119-123.

[87] 王文静, 刘彤, 李盛基. 人力资本对我国全要素生产率增长作用的空间计量研究 [J]. 经济与管理, 2014 (2): 2228.

[88] 王晓婷, 邹昭晞. 京津冀协同创新共同体下高端装备制造业发展研究——以航空航天器制造业为例 [J]. 学习与探索,

2017 (8): 134-140.

[89] 王炎军. 专利战略在我国医疗器械产业技术创新中的应用研究 [D]. 浙江工业大学, 2012.

[90] 王烨, 游春. R&D 投入与绩效相关关系实证研究——基于中小企业板上市公司面板数据 [J]. 财会通讯, 2009 (4): 14-16.

[91] 王义高. 是什么阻碍了科技成果的转化? [J]. 高科技与产业化, 2008 (2).

[92] 王舟. 中国政府对战略性新兴产业公司创新补贴的绩效研究 [D]. 湖南大学, 2014.

[93] 卫洁. 区域科技型人才聚集环境中知识转移与技术创新研究 [D]. 太原理工大学, 2013.

[94] 魏洁云. 在中国高技术产业创新效率及创新路径研究 [D]. 南京: 南京航空航天大学, 2014.

[95] 魏下海, 张建武. 人力资本对全要素生产率增长的门槛效应研究 [J]. 中国人口科学. 2010 (5): 48-57, 111.

[96] 魏彦莉, 张玲玉. 京津冀高技术产业创新支出对创新绩效的影响研究 [J]. 科技与经济, 2017, 179 (30): 36-40.

[97] 邬龙, 张永安. 基于 SFA 的区域战略性新兴产业创新效率分析——以北京医药和信息技术产业为例 [J]. 科学与科学技术管理, 2013, 34 (10): 95-102.

[98] 吴俊. 人力资本与高技术产业技术创新效率关系的研究——以天津市为例 [D]. 河北工业大学, 2014.

[99] 吴伟浩. 现代企业组织创新: 基于竞争和能力的再审视 [J]. 技术经济, 2008, 27 (9): 16-19.

[100] 吴晓园. 福建省人力资本对区域技术创新效率的影响研究 [J]. 华东经济管理. 2011, 25 (5): 13-15.

[101] 项莹, 曹阳, 茅宁莹. 中国医药制造业技术创新效率影

响因素实证研究 [J]. 上海医药, 2013, 34 (9): 52-56.

[102] 肖仁桥, 钱丽, 陈忠卫. 中国高技术产业创新效率及其影响因素研究 [J]. 管理科学, 2012, 25 (5): 85-98.

[103] 谢桂华. 中国流动人口的人力资本回报与社会融合 [J]. 中国社会科学, 2012 (4): 103-124, 207.

[104] 徐妍. 产业集聚视角下中国高技术产业创新效率及其空间分异研究 [D]. 南开大学, 2013.

[105] 许庆瑞, 蒋健, 郑刚. 各创新要素全面协调程度与企业特质的关系实证研究 [J]. 研究与发展管理, 2005, 17 (3): 16-21.

[106] 许伟. 从我国医疗器械注册现状看医疗器械产业的创新之道 [J]. 中国药物警戒, 2011 (5): 284-286.

[107] 雅各布·明赛尔. 人力资本研究 [M]. 北京: 中国经济出版社, 2001.

[108] 杨栋, 高金艳. 在人力资本信息披露与技术创新绩效关系的实证研究——以外部融资为中介变量研究 [J]. 中国集体经济, 2016 (4).

[109] 杨青峰. 高技术产业地区研发创新效率的决定因素——基于随机前沿模型的实证分析 [J]. 管理评论, 2013, 25 (6): 47-58.

[110] 杨青生, 胡观景. 计算机与办公设备制造业时空演化研究 [J]. 赣南师范学院学报, 2016, 37 (6): 92-98.

[111] 杨勇, 达庆利. 企业技术创新绩效与其规模、R&D 投资、人力资本投资之间的关系——基于面板数据的实证研究 [J]. 科技进步与对策, 2007, 24 (11): 128-131.

[112] 佚名. "十三五"先进制造技术领域科技创新专项规划发布 [J]. 工具技术, 2017 (6): 12-12.

[113] 尹博. 大企业主导型产业创新网络创新绩效研究 [D].

沈阳：辽宁大学，2012.

[114] 尹伟华. 我国区域高技术产业技术创新的效率评价 [J]. 统计与决策，2012，362 (14)：58-61.

[115] 于华晶. 区域创新环境对企业创新绩效影响的实证研究 [D]. 大连海事大学，2014.

[116] 余长林. 人力资本投资结构及其经济增长效应——基于扩展 MRW 模型的内生增长理论与实证研究 [J]. 数量经济技术经济研究，2006 (12)：117-125.

[117] 余泳泽. 我国高技术产业技术创新效率及其影响因素研究——基于价值链视角下的两阶段分析 [J]. 经济科学，2009 (4)：62-74.

[118] 袁富华，张平，陆明涛. 长期经济增长过程中的人力资本结构——兼论中国人力资本梯度升级问题 [J]. 经济学动态，2015 (5)：11-21.

[119] 张国强，温军，汤向俊. 中国人力资本、人力资本结构与产业结构升级 [J]. 中国人口·资源与环境，2011 (10)：138-146.

[120] 张红娟（天津大学管理与经济学部），《2014 年全球创新指数报告》述评. http：//www.nipso.cn/onews.asp？id=26274，发布时间：2015/6/3.

[121] 张建民. 中国区域技术创新能力差异研究 [D]. 云南大学，2010.

[122] 张丽娜，孙利辉. 组织学习、人力资本及企业创新绩效的关系研究 [J]. 企业研究，2014 (6).

[123] 张凌燕. 通用航空制造业深蕴发展潜力 [J]. 装备制造，2014 (11).

[124] 张昕，陈林. 产业聚集对区域创新绩效影响的实证研

·227·

究——以电子及通讯设备制造业为例[J]. 技术经济, 2011, 30 (7): 51-54.

[125] 张昕, 陈林. 产业聚集对区域创新绩效影响的实证研究——以两类高技术制造业为例[J]. 科技进步与对策, 2012, 29 (15): 42-45.

[126] 张雪玲, 黄雅娟. 浙江省高技术产业创新绩效研究——基于两阶段视角的定量分析[J]. 生产力研究, 2018 (2).

[127] 张一力. 人力资本结构与区域创新模式——基于温州、西安、深圳的实证比较[J]. 经济社会体制比较, 2006 (3).

[128] 张永庆, 刘清华, 徐炎. 中国医药制造业研发效率及影响因素[J]. 中国科技论坛, 2011 (1): 70-74.

[129] 赵飞. 基于智力资本的我国医药制造业绩效研究[D]. 青岛大学, 2016.

[130] 赵付民, 苏盛安, 邹珊刚. 我国政府科技投入对大中型工业企业R&D投入的影响分析[J]. 研究与发展管理, 2006 (2): 78-84.

[131] 赵淑英. 模块化生产网络对技术创新的影响[M]. 中国矿业大学出版社, 2014.

[132] 郑洁, 杨昌辉, 徐晟. 基于SFA的我国医药制造行业技术创新效率研究[J]. 合肥工业大学学报: 社会科学版, 2008, 22 (4): 58-62.

[133] 郑少寒. 我国电子及通讯设备制造业的自主创新研究[D]. 上海财经大学, 2009.

[134] 中工网. 高端医疗设备何时不再依赖进口[EB/OL]. http: //finance.ifeng.com/a/20170806/15569960_0.shtml, 2017-8-6.

[135] 中国产业信息网. 2016年中国医药行业发展现状分析[EB/OL]. http: //www.chyxx.com/industry/201612/477726.html,

2016 - 12 - 15.

[136] 中国产业研究报告网. 2013年我国医药行业发展机遇分析 [EB/OL]. http://www.chinairr.org, 2013 - 1 - 18.

[137] 中国青年报. 中国药品生产行业现实 绝大多数化学药品都是仿制 [EB/OL]. https://xueqiu.com/6815845163/65448607, 2016 - 3 - 1.

[138] 中国投资咨询网. 新药研发：成本过高盈利慢成医药行业的最大痛点 [EB/OL]. http://www.ocn.com.cn/chanjing/201512/lvroq23120200.shtml, 2015 - 12 - 23.

[139] 中国信息产业商会. 中国计算机产业与应用服务业改革开放30年回顾 [EB/OL]. http://www.gkong.com/item/news, 2009 - 1 - 8.

[140] 中国医药营销联盟. 医疗器械产业的技术与创新 [EB/OL]. http://www.chinamsr.com/2010/0626/11968.shtml, 2010 - 6 - 26.

[141] 中华人民共和国国务院. "十三五" 国家战略性新兴产业发展规划 [Z]. 2012 - 11 - 29.

[142] 中华人民共和国国务院. 关于发挥科技支撑作用促进经济平稳较快发展的意见 [Z]. 2009 - 2 - 27.

[143] 中华人民共和国国务院. 关于加快培育和发展战略性新兴产业的决定 [Z]. 2010 - 10 - 10.

[144] 周剑. 我国高技术产业创新效率影响因素分析 [J]. 中国高新区, 2018 (4).

[145] 周晶, 何锦义. 战略性新兴产业发展现状及地区分布闭 [J]. 统计研究, 2012, 29 (9): 25 - 30.

[146] 周静. 人力资本对经济增长贡献的实证分析——基于湖南、四川两省的差异研究 [D]. 成都: 西南交通大学, 2010.

[147] 周万生. 人力资本与区域创新能力研究 [D]. 成都: 四

川大学，2007.

[148] 周洲. 我国文化、办公设备制造业行业分析报告 [EB/OL]. http：//www.zdlh.cn/article/5491.html，2014-2-5.

[149] 朱承亮，师萍，安立仁. 人力资本及其结构与研发创新效率——基于 SFA 模型的检验 [J]. 管理工程学报，2012 (4)：5864.

[150] 朱平芳，徐伟民. 政府的科技激励政策对大中型工业企业 R&D 投入及其专利产出的影响——上海市的实证研究 [J]. 经济研究，2003 (6)：45-53.

[151] 朱有为，徐康宁. 中国高技术产业研发效率的实证研究 [J]. 中国工业经济，2006 (11)：38-45.

[152] 朱苑秋，谢富纪. 长三角大都市圈创新要素整合 [J]. 科学学与科学技术管理，2007 (1).

[153] Acemoglu, D.. Training and Innovation in an Imperfect Labor Market [J]. *The Review of Economic Studies*, 1997, 64 (3)：1728.

[154] Aija, L. and Justin, B.. If You Cannot Block, You Better Run: Small Firms, Cooperative Innovation, and Appropriation Strategies [J]. *Research Policy*, 2009, 38 (9)：1478-1488.

[155] Aiyar, S, Feyrer, J.. A Contribution to the Empirics of Total Factor Productivity [R]. Dartmouth College, Working Paper, 2002.

[156] Alka Chadha and Raffaele Oriani. R&D Market Value Under Weak Intellectual Property Rights Protection: The Case of India [J]. *Scientometrics*, 2010 (82)：59-74.

[157] Amabile, T. M.. A Model of Creativity and Innovation in Organizations [J]. *Research in Organizational Behavior*, 1988 (10)：123-167.

参 考 文 献

[158] Andreea N. Kiss, Wade M. Danis. Country Institutional Context, Social Networks, and Newventure Internationalization Speed [J]. *European Management Journal*, 2008, 26 (6): 388 – 399.

[159] Arrow K. J.. The Economic Implications of Learning by Doing [J]. *Review of Economic Studies*, 1962, 29 (3): 155 – 173.

[160] Arrow, K. J.. Economic Welfare and Allocation of Resource for Inventions. In R. R. *The Rateand Direction of Invention Activity* [M]. Princeton: Princeton University Rress, 1962: 609 – 625.

[161] Battese G. E., Collie T. J.. A Model for Technical Inefficiency Effects in a Stochastic Frontier Production Function for Panel Data [J]. *Empirical Economics*, 1995, 20 (2): 325 – 332.

[162] Battese G. E., Corra G. S.. Estimation of a Production Frontier Model: With Application to the Pastoral Zone of Eastern Australia [J]. *Australian Journal of Agricultural & Resource Economics*, 1977, 21 (3): 169 – 179.

[163] Benhabib J., Spiegel M. M.. The Role of Human Capital in Economic Development: Evidence from Aggregate Cross-country Data [J]. *Journal of Monetary Economics.* 1994 (34): 143 – 173.

[164] Chames A., Coope W. W., Rhodes E.. Measuring the Efficiency of Decision Making Units [J]. *European Journal of Operational Reaearch*, 1978, 2 (6) : 429 – 444.

[165] Czarnitzki D., Hussinger K.. The Link between R&D Subsidies, R&D Spending and Technological Performance [R]. ZEW Discussion Paper, 2004, No. 04 – 56.

[166] Dakhli, M. & DeClercq, D.. Human Capital, Social Capital, and Innovation: a Multi-country Study [J]. *Entrepreneurship & Regional Development.* 2004, 16 (2): 107128.

[167] Damanpour, F.. Organizational Innovation: A Meta—analysis of Effects of Determinants and Moderators [J]. *Academy of Management Journal*, 1991, 34 (3): 555-590.

[168] Drucker, P. F.. *Post-Capitalist Society* [M]. London: Oxford, Butterworth Henemann, Harper Business, 1993: 261-268.

[169] Dzinkowski Ramona. The Measurement and Management of Intellectual Capital: An Introduction [J]. *Management Accounting*, 2000, 78 (2): 32-36.

[170] ECFOV Training. Using Tax Incentives to Promote Education and Training [J]. Cedefop, 2009.

[171] Fre, R., & Grosskopf, S.. Network DEA [J]. *Socio-Economic Planning Sciences*, 2000, 34 (1): 35~49.

[172] Fre, R., & Grosskopf, S.. Productivity and Intermediate Products: A Frontier Approach [J]. *Economics Letters*, 1996 (50): 65~70.

[173] Freema C.. Networks of Innovators: A Synthesis of Research Issues [J]. *Research Policy*, 1991, 20 (5): 499-514.

[174] Gong, B., Sickles, R. C.. Finite Sample Evidence on the Performance of Stochastic Frontiers and Data Envelopment Analysis Using Panel Data [J]. *Journal of Econometrics*, 1992 (51): 259-284.

[175] Gorg, H., Strobl E.. The Effect of R&D Subsidies on Private R&D [J]. *Economica*, 2007, 74 (294), 215-234.

[176] Green, J. R. and Scotchmer, S.. On the Division of Profit in Sequential Innovation [J]. *RAND Journal of Economics*, 1995 (26): 20-33.

[177] Greenhalgh, C., Rogers, M.. The Value of Innovation: The Interaction of Competition, R&D and IP [J]. *Research Policy*, 2006

(35): 562-580.

[178] Gregory M, N., David R.. David N. W.. A Contribution to the Empirics of Economic Growth [J]. *Quarterly Journal of Economics*. 1992 (107): 407-437.

[179] Gregory N. Stock, Noel P. Greis, William A. Fischer. Firm Size and Dynamic Technological Innovation [J]. *Technovation*, 2002 (22): 537-549.

[180] Guellec, D., Pottelsberghe, B. V.. The Impact of Public Expenditure on Business R&D [R]. STI Working Paper, 2000, No. 4.

[181] GUEST, D, E.. Human Resource Management and Performance: A Review and Research Agenda [J]. *International Journal of Human Resource Management*, 1997, 8 (3): 263-278.

[182] Hagedoorn, Cloodt. Measuring Innovative Performance: Is There an Advantage in Using Multiple Indicators [J]. *Research Policy*, 2003 (32): 1365-1379.

[183] Hu, Jefferson. A Great Wall of Patents: What is Behind China's Recent Patent Explosion? [J]. *Journal of Development Economics*, 2009 (90): 57-68.

[184] IMD. World competitiveness Online [EB/OL]. https://www.worldcompetitiveness.com/On Line/App/Index.htm.

[185] Janssen O.. Job Demands, Perceptions of Effort-reward Fairness and Innovative Work Behavior [J]. *Journal of Occupational and Organizational Psychology*, 2000, 73 (3): 287-302.

[186] Kaman M. I., Schwartz N. L.. Structure and Innovation: A Survey [J]. *Journal of Economic Literature*, 2004, 13 (1): 1-37.

[187] Karolina-Stuart, T. E., Podolny. J. M.. Local Search and the Evolution of Technological Capabilities [J]. *Strategic Management*

Journal, 1996 (17): 21-38.

[188] Kenneth J. Arrow. Welfare and the Allocation of Resources for Invention [J]. Nber Chapters, 1972 (12): 609-626.

[189] King, N., Anderson, N.. Innovation and Change in Organizations [M]. Englewood Cliffs N. J.: Prentice-Hall, 1995.

[190] Kira Kristal Reed, Narasimhan Srinivasan, D. Harold Doty. Adapting Human and Social Capital to Impact Performance: Some Empirical Findings from the U. S. Personal Banking Sector [J]. *Journal of Managerial Issues*, 2009, 21 (1): 36-57.

[191] Kumar, N.. Intelletual Property Protection, Market Orientation and Location of Overseas R&D Activities by Multinational Enterprise [J]. *World Development*, 1996, 24 (4): 673-688.

[192] Linda Yueh. Patent Laws and Innovation in China [J]. *International Review of Law and Economics*. 2009 (29): 304-313.

[193] L. P. Schmidt. Formulation and Eastimation of Stochastic Frontier Production Function Models [J]. *Journal of Econometrics*, 1977, 6 (1): 21-37.

[194] Malerba, F.. Sectoral Systems of Innovation and Production [J]. *Research Policy*, 2002, 31 (2): 247-264.

[195] Michie, J., Sheehan, M.. HRM Practices, R&D Expenditure and Innovative Investment: Evidence from the UK's 1990 Workplace Industrial Relations Survey [J]. *Industrial and Corporate Change*, 1999, 8 (2): 211-234.

[196] Mumford, M. D.. Managing Creative People: Strategies and Tactics for Innovation [J]. *Human Resource Management Review*, 2000, 10 (3): 313-351.

[197] Nelson, R., Phelps, E.. Investment in Humans' Techno-

logical Diffusion and Economic Growth [J]. *American Economic Review*. 1966, 56 (1): 6975.

[198] OECD. Main Science and Technology indicators [EB/OL]. http://www.keepeek.com/Digital—Asset—Management/oecd/science—and—technology/main—science—and—technology—indicators/volume—2013/issue—1_msti—v2013—1—en#page1.

[199] Park, W. G., Ginarte, J. C.. Intellectual Property Rights and Economic Growth [J]. *Contemporary Economic Policy*, 1997, 26 (3): 51 -61.

[200] Provan, K. G., Kenis, P.. Modes of Network Governance: Structure, Management, and Effectiveness [J]. *Journal of Public Administration Research and Theory*, 2008 (18): 229 -252.

[201] P. Tessier, Arthur A. Sloane: *Managing Human Resources* [M]. Englewood Cliffs, NJ: Prentice-Hall Inc, 1995, 12: 53 -59.

[202] Ritter, T., Gemunden, H. G.. Netwok Competence: Its Impact on Innovation Success and its Antecedents [J]. *Journal of Business Research*, 2003 (56): 745 -755.

[203] Robert E. Lucas. On the Mechanics of Economic Development [J]. *Journal of Monetary Economics*, 1988, 22 (1): 3 -42.

[204] Romer, P. M.. Increasing Returns and Long-run Growth [J]. *Journal of Political Economy*, 1986, ss (3): 10021037.

[205] Scherer, F. M., Huh, K.. R&D Reactions to High-Technology Import Competition [J]. *The Review of Economics and Statistics*, 1992, 74 (2): 202 -2I2.

[206] Scotchmer, S.. Protecting Early Innovators: Should Second-Generation Products be Patentable? [J]. *The Rand Journal of Economics*, 1996, 27 (2): 322 -331.

[207] Scott, W. R., Meyer, J. W.. *The Rise of Training Programs in Firms and Agencies: An Institutional Perspective in Research in Organization Behavior* [M]. Barry M. Staw, L. L. Cummings, (eds.), Greenwich, CT: JAI Press, 1991, 4: 12 – 16.

[208] Sequeria, Gort M., Klepper S.. Time Paths in the Diffusion of Product Innovations [J]. *The Economic Journal*, 2008, 92 (367): 630 – 653.

[209] Soumitra Dutta and Bruno Lanvin. The Global Innovation Index2013 [EB/OL]. http://www.globalinnovationin-dex.org/content.aspx?page = gii – full – report – 2013.

[210] Stewart, T. A.. *Intellectual Capital: the New Wealth of Organizations* [M]. Doubleday, A Divisionof Bantam Doubleday Dell Publishing Group, Inc, 1997.

[211] Subramaniam, M., Youndt M.. The Influence of Intellectual Capital on the Types of Innovative Capabilities [J]. *Academy of Management Journal*, 2005, 48 (3): 450463.

[212] Subramanian, Nilakanta. Organizational Innovativeness: Exploring the Relationship Between Organizational Determinants of Innovation, Types of Innovations, and Measures of Organizational Performance [J]. *International Journal of Management Science*, 1996, 24 (6): 631 – 647.

[213] Tidd, Joseph., Bessant, John. Managing Innovation: Integratingtechnological, Market, and Organizational Change [M]. England, Wiley and Sons, 1997: 369 – 370.

[214] Wallsten S. J.. The Effects of Government-industry R&D Programs on Private R&D: The Case of the Small Business Innovation Research Program [J]. *RAND Journal of Economics*, 2000, 31 (1),

82 – 100.

[215] Wang Xuejun, Chen Wu. Rural Human Capital Engineering: Theoretical Basis, Conceptual Models and Policy Direction for the "ARF": Proceedings of 2007 IEEE International Conference on Grey Systems and Intelligent Services [C]. United States, Piscataway: Institute of Electricaland Electronics Engineers Computer Society, 2007: 1445 – 1452.

[216] Wolfe, R. A.. Organizational Innovation: Review, Critique and Suggested Research Directions [J]. *Journal of Management Studies*, 1994, 31 (3): 405 – 430.

[217] Yao Chen, Cook W. D., Li Ning, Zhu Jeo. Additive Efficiency Decomposition in Two-stage DEA [J]. *European Journal of Operational Rearch*, 2009 (196): 1170 – 1176.

[218] Yao Chen, Juan Du, H. David Sherman, Joe Zhu. DEA Model With Shared Resources and Efficiency Decomposition [J]. *European Journal of Operational Research*, 2010 (207): 339 – 349.

后 记

本书是在河北省科技厅项目"人力资本对河北省战略性新兴产业创新绩效贡献研究"(2014)的基础上拓展研究而成。

本书由团队成员历经数载、持续学习、艰辛撰写而成。伴随书稿的不断丰盈,团队对人力资本、战略性新兴产业、创新要素、创新绩效、京津冀协同发展等相关概念有了新的认识和更深入的理解;对 SFA 实证研究方法收获了更全面的应用经验;对影响京津冀战略性新兴产业人力资本创新绩效的宏微观因素进行了系统的梳理;对如何从人力资本角度来提升京津冀战略性新兴产业竞争力提出了政策建议。可以说,书稿的付梓是团队成员理论学习与研究水平双丰收的最好见证。

本书在全面学习人力资本理论、区域创新理论、协同论等多学科、多领域交叉研究成果的基础上,以战略性新兴产业人力资本创新效率评价为切入点,采用规范研究、数理统计、问卷调查、调研访谈相结合的研究方法,对京津冀战略性新兴产业创新效率进行了对比研究,明确了三地战略性新兴产业人力资本创新效率的异同,并深入探讨了造成前述异同的宏微观因素,由此明确了人力资本对京津冀战略性新兴产业创新绩效形成的作用机理。团队最终提出的京津冀战略性新兴产业创新能力的提升建议,均从人力资本视角出发,致力于改变河北省战略性新兴产业核心技术缺乏与自主创新能

后　记

力不足的现状，应用于京津冀战略性新兴产业适应环境变化能力的增强，服务于京津冀战略性新兴产业的可持续发展。

本书也是2018年度河北省社会科学发展研究重点课题（编号201802120105）及2017年度河北省社会科学发展研究课题（编号201703120205）的研究成果。河北地质大学的张红霞老师参与本书撰写。

感谢河北省高校重点学科建设项目对本书的资助！

感谢河北地质大学对我们的培养和支持，感谢河北地质大学商学院团结奋进的工作氛围！

感谢学者们。在本书写作过程中，参考和引用了许多文献资料，从中借鉴研究思路、学习研究方法、领会研究精华，对这些文献的作者表示衷心的感谢！

感谢河北省科技厅提供的项目研究平台！感谢"人力资本对河北省战略性新兴产业创新绩效贡献研究"项目组成员河北地质大学的杨春昭老师、卞娜老师！

感谢所有帮助过我们的同仁、朋友！

感谢家人的理解和支持！

本书作者

2018年8月